I0154707

Couverture inférieure manquante

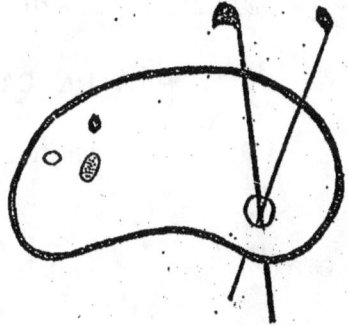

ORIGINAL EN COULEUR
NF Z 43-120-8

RECTO ET VERSO

8R
4990

(Communique à l'ouverture)

EXAMEN CRITIQUE

DU LIVRE

DE M. GABRIEL COMPAYRÉ

DÉPUTÉ DU TARN

ÉLÉMENTS D'ÉDUCATION CIVIQUE ET MORALE

PAR UN CATHOLIQUE DU TARN

Plus Français que ledit Député

EXTRAIT DE LA *SEMAINE-RELIGIEUSE D'ALBY*

EN VENTE

A ALBI, au Bureau de la *Semaine religieuse*, chez
Mme veuve Larrieu, libraire, et au bureau du *Nouvelliste*.

A PARIS, à la librairie catholique de M. Victor Palmé,
rue des Saints-Pères, 76.

1883

LA SEMAINE RELIGIEUSE D'ALBY

Paraît tous les Samedis

PRIX DE L'ABONNEMENT : SIX FRANCS PAR AN

EXAMEN CRITIQUE

DU LIVRE

DE M. GABRIEL COMPAYRÉ

DÉPUTÉ DU TARN

ÉLÉMENTS D'ÉDUCATION CIVIQUE ET MORALE

PAR UN CATHOLIQUE DU TARN

Plus Français que ledit Député

R. P.

BIBLIOTHÈQUE
IMPRIMÉE

DÉPOT LÉGAL
Tarn
N° 26.
1883

V P

EN VENTE

A ALBI, au Bureau de la *Semaine réligieuse;* chez Mᵐᵉ veuve LARRIEU, libraire, et au bureau du *Nouvelliste.*

A PARIS, à la librairie catholique de M. VICTOR PALMÉ, rue des Saints-Pères, 76.

1883

8°R
4000

Albi. — A. Escanie, rue de la Croix-Verte, 78.

EXAMEN CRITIQUE

Du Livre de M. GABRIEL COMPAYRÉ, Député du Tarn

Éléments d'Éducation civique et morale

PAR UN CATHOLIQUE DU TARN

Plus Français que ledit Député

« Apprendre aux élèves à connaître la patrie, à l'aimer, à se dévouer pour elle, c'est chose excellente. Je ne sache pas que les maîtres chrétiens y aient manqué jamais. Mais, sous prétexte de patriotisme, inoculer aux enfants le virus de l'irréligion et de la révolte, de la révolte contre l'ordre et le bien, voilà un attentat qui exige le raffinement dans la cruauté (1). »

Ce jugement s'applique spécialement au fameux et odieux *Manuel* de M. Paul Bert, l'*Instruction civique à l'école*, qui vient d'être censuré et condamné par Mgr l'évêque de Saint-Dié (2) ; mais il peut s'appliquer aussi, dans une plus ou moins grande proportion, à plusieurs autres *Manuels d'instruction* dite *civique* et qui est toujours plus ou moins irréligieuse.

On a mis entre nos mains l'ouvrage de M. Gabriel Compayré : *Éléments d'éducation civique et morale*. L'auteur n'est pas le premier venu : il est membre de la Chambre des députés, professeur de la Faculté des Lettres de Toulouse, professeur aux écoles Normales Supérieures d'instituteurs et d'institutrices, membre du Conseil supérieur de l'instruction publique, lauréat de l'Académie française, chevalier de la Légion d'honneur... On dit même qu'il est franc maçon... Ajoutons que son ouvrage a obtenu des recommandations et des éloges officieux et officiels. Il a été officiellement autorisé pour toutes les écoles municipales de Paris et de Lyon ; il doit aussi, paraît-il, remplacer désormais le catéchisme dans les écoles publiques du Tarn ; en attendant, la Société des sciences, arts et belles lettres du Tarn a fait acheter vingt exemplaires de ce livre pour les écoles primaires, et plusieurs exemplaires en ont été déjà donnés en prix, au nom de ladite Société, dans les écoles de la

------

(1) Jules Anglade. Le poison civique, maçonnique et obligatoire, selon la formule du docteur Paul Bert.

(2) Nous apprenons qu'il vient d'être aussi condamné, à Rome, par la Sacrée Congrégation de l'*Index.*

ville d'Albi (1) ; enfin, M. de Pressensé, dans un rapport lu à la commission des bibliothèques populaires et scolaires, porte sur cet ouvrage un jugement extrêmement bienveillant et flatteur : il l'appelle « *livre excellent* », affirme qu'il est *animé d'un souffle généreux* et qu'il *ne contient absolument rien d'irréligieux.* »

Nous n'avons pas voulu nous en rapporter absolument à ces recommandations et à ces éloges plus ou moins intéressés. Nous avons examiné l'ouvrage en lui-même, et nous croyons devoir exposer ici le résultat de notre examen.

Dès la préface, M. Compayré exprime nettement le cliché bien connu de l'école révolutionnaire, qu'il ne fera que répéter et développer dans tout son livre, à savoir que tout ce qu'il y a de bon et de généreux dans la France moderne a commencé en 1789. Rien n'existait en France avant cette date fatidique, et les gouvernements monarchiques n'ont fait depuis qu'en rayer le progrès des conquêtes de la première Révolution.

« L'instruction civique, dit il, fut réclamée avec énergie par les Assemblées de la Révolution, mais systématiquement négligée par les gouvernements monarchiques. » Il cite une parole plus ou moins authentique de Vitet, et qui, en tout cas, est un mensonge : « L'amour de la patrie n'est pas enseigné en France. »

Nous savons, en effet, que les zouaves de Charette et bien d'autres défenseurs de la France eurent besoin, en 1870, qu'on leur enseignât l'amour de la patrie ! Et ce vaillant Institut des Frères des Ecoles chrétiennes ! c'est injustement sans doute que l'Académie française a décerné le grand prix de vertu à son patriotique dévouement !...

Il affirme, avec M. Paul Bert, que « seule la démocratie (sans doute entendue à leur manière) repose sur l'une des bases les plus solides de la morale, c'est à dire sur l'idée de justice. »

Du reste, dès le début de son livre, il se place ainsi sous les auspices de M. Paul Bert, qu'il cite encore une autre fois, pour prouver que « l'enseignement civique doit commencer dès les premières années de l'école. » Evidemment, et pourquoi pas dès le berceau ? Pourquoi pas même avant de naître, comme d'aucuns prétendent avoir eu le culte et l'amour de la République ?...

Il déclare qu'il vaut mieux *étudier les institutions de sa pa-*

(1) *Revue du Tarn.* Tom. 3, pag. 65, 90.

trie que celles des tribus d'Israël ou celles de l'ancienne France. L'ancienne France n'est donc plus notre patrie ? Nous verrons bientôt, d'ailleurs, comment il expose lui même ces dernières institutions.

Il dit que *l'instituteur a une mission sociale, qu'il a charge d'âmes à sa façon.* Très bien, et voilà pourquoi il devrait enseigner la religion aux enfants et les élever dans la crainte et l'amour de Dieu. M. Compayré se garde bien de tirer cette conclusion, car il tient sans doute à mériter l'éloge de M. de Pressensé et autres libres-penseurs, et à ne rien risquer de *confessionnel.*

Il cite pourtant une belle parole de M. Buisson : « Je n'admettrai jamais que l'instituteur sorte de sa sphère, quand il donne le meilleur de son âme à l'éducation du sens moral et religieux, » Mais il ne veut pas la réalisation adéquate de cette parole : il craint que l'instituteur ne soit un *factotum paroissial,* et il est loin de partager l'idée si belle et si féconde en même temps de M. Roselly de Lorgues, dans son *Livre des Communes :*

« La patrie, c'est la commune; la commune s'appuie sur trois puissances : le presbytère, l'école, la mairie; seule, leur parfaite union peut régénérer l'Etat. »

Mais ne nous attardons pas plus longtemps à la préface, et passons à l'examen du corps de l'ouvrage.

L'ouvrage de M. Compayré se divise en quatre livres : le 1er traite de la famille et de l'école; le 2e de la société et de la patrie; la 3e de la nature humaine et de la morale, et le 4e enfin de la société politique.

Premier Livre. — LA FAMILLE ET L'ÉCOLE

I. — Notre auteur essaie d'abord de définir la *famille,* et il emprunte sa définition à M. Bersot : « Quand on vit ensemble, quand on s'aime les uns les autres et qu'on n'est tous ensemble qu'un même cœur, alors c'est la famille. »

Cette définition, on le voit, n'est rien moins que parfaite; elle semble n'exprimer que des liens et des rapports purement volontaires, et s'appliquerait bien plus justement aux communautés religieuses, à ces couvents dont on a brisé les portes et chassé les habitants, en vertu des lois prétendues existantes, qui n'existaient pas !

Notre auteur dit bien « qu'il y a dans la famille des intérêts communs, des sentiments et des devoirs réciproques. » Mais nous

no saurions admettre que l'intérêt soit le premier et le véritable principe de nos devoirs; et puis, ces sentiments et devoirs
réciproques, d'où viennent ils donc ? d'où découlent-ils ? si ce
n'est de la volonté divine, de Dieu lui même, car c'est de Dieu
que découle toute paternité au ciel et sur la terre, et c'est lui
qui a formulé et gravé dans nos cœurs cette grande loi, fon-
dement inébranlable des devoirs de la famille : Honorez votre
père et votre mère.

Avouons que c'est un triste système que de laisser de côté
la loi de Dieu et de se contenter de quelques phrases humanitaires, comme celles-ci : « L'enfant ne peut vivre et grandir
qu'avec le secours de son père et de sa mère. Il a toujours
besoin de ses parents qui lui donnent de quoi se nourrir, de
quoi se vêtir, qui lui enseignent ce qu'il doit dire, ce qu'il doit
faire. » (Pag. 3.)

Si encore M. Compayré tirait la conclusion naturelle de cette
dernière phrase ; s'il avouait, qu'après Dieu, les parents sont
les maîtres de leurs enfants, et que les instituteurs ne font que
les remplacer dans l'enseignement de la morale et de la religion. Mais non, d'après l'école révolutionnaire, l'enfant appartient à l'État, et c'est sur les autels de ce nouveau Dieu,
comme à un autre Moloch qu'on doit immoler toute la jeunesse française, c'est-à-dire son esprit et son cœur !...

M. Compayré indique de développer cette maxime : *Chacun
donne du pain, mais nul comme une mère.*

Oh ! j'aime bien mieux la maxime suivante : « L'avenir d'un
enfant est l'œuvre de sa mère ! »

Et c'est à une œuvre si excellente que le véritable instituteur devrait apporter son concours. Hélas ! on ne peut plus y
compter aujourd'hui, depuis que les éducateurs de la jeunesse
sont devenus des hommes politiques et qu'ils vont inoculer à
leurs élèves le détestable poison des doctrines de Paul Bert et
autres docteurs du même acabit !...

Nous sommes loin de prétendre que les païens, que les
Grecs et les Romains eussent des idées parfaitement justes et
saines sur les rapports et les liens de la famille, sur les droits
et les devoirs de la paternité. Il y avait bien alors sans doute
quelques âmes qu'on pourrait appeler *naturellement chrétiennes*, et il n'y avait pas que la mère des Gracques qui regar-
dât ses enfants comme ses *ornements et ses bijoux*. Mais nous
reconnaissons que la famille païenne, comme toutes les institutions de l'ancien monde, avait infiniment besoin du céleste

médecin, qui devait guérir tous les maux de la pauvre humanité : *Magnus de cœlo descendit medicus, quia magnus in
terra jacebat œgrotus.* (St. Augustin).

Par exemple, il nous est impossible d'admettre que le christianisme n'ait eu qu'une petite part dans le relèvement et la
régénération de la famille, et qu'il ait eu besoin des prétendues
conquêtes de la Révolution pour réaliser complétement sa mission divine.

D'après M. Compayré, « l'autorité paternelle sous l'ancien
régime était un pouvoir absolu, arbitraire et despotique, et
la famille était toujours fondée sur le principe de la force et
de l'inégalité. »

Comme nous l'avons déjà remarqué, M. Compayré et ses
pareils ont un véritable culte pour la Révolution : avec elle
tout est bon, sans elle rien ne vaut !...

Il y a quelques années, un illuminé, un fou et peut être un
escroc, nommé Michel Vintras, voulut prêcher une religion
nouvelle, le règne du Saint-Esprit ! D'après lui, le Père avait
régné sous l'Ancien Testament, le Fils a régné depuis son
Incarnation jusqu'à nos jours, et désormais le Saint-Esprit
doit régner jusqu'à la fin du monde !... A la place du Saint-
Esprit, mettez la Sainte, l'immortelle Révolution et vous au-
rez le nouveau culte, la nouvelle religion imaginée par les
néo-docteurs...

Longtemps la royauté de droit divin a été et elle est encore
l'objet de leurs attaques et de leurs sarcasmes; et aujourd'hui,
quand ils consentent encore à croire en Dieu, ils font une
chose sacro-sainte de la Révolution et de la République, et ils
attribuent au droit divin ce que bien souvent nous pourrions
et devrions attribuer au pouvoir diabolique !...

M. Compayré ajoute : « Le père avait le droit, avant même
que l'enfant fût né, de le consacrer d'avance à l'état monasti-
que. L'enfant naissait moine ou religieux, s'il plaisait à ses
parents. » (pag. 5.)

Qu'il y ait eu, à toutes les époques, des abus au sein de certaines familles, c'est incontestable, et rien d'étonnant à cela,
car, malgré les lumières et les secours de la révélation, la nature humaine conserve le triste pouvoir d'abuser de sa liberté;
mais il n'est pas vrai que jamais l'abus soit devenu la règle, et
qu'aucune loi de l'Etat ni surtout de l'Eglise ait jamais reconnu
au père de famille un droit aussi exorbitant.

« Mirabeau, le grand orateur de la Révolution, est un des

plus célèbres exemples des abus de l'autorité paternelle. »
(pag. 6.)

En vérité, l'exemple est bien choisi ! et lorsqu'on sait ce que
fut Mirabeau et quelle infâme conduite il mena, dans sa jeunesse comme dans son âge mûr, on a bien lieu d'être surpris
des moyens employés par son père pour le corriger !...

Notez bien que nous ne voulons pas ici absolument innocen-
ter le père; mais on peut dire que ses torts ne sont rien à
côté de ceux de son fils et, dans tous les cas, ni l'un ni l'autre
ne devrait être choisi pour exemple.

« Il est vrai, dit M. Compayré, qu'il avait eu quelques torts
vis à vis de son père, le marquis de Mirabeau. »

Voyez vous l'habile atténuation ! Oui, il avait eu quelques
torts, ce diffamateur, ce dissipateur, ce débauché, cet ennemi
forcené de Dieu et de la Religion ! Disons mieux, il avait eu
des torts très nombreux et très considérables; mais il était
révolutionnaire, il fut un des principaux auteurs de la Révolution, et alors tout est oublié, et il faut absolument en faire
un saint et presque un dieu !...

M. Compayré n'est point partisan de la correction des enfants, et il s'extasie devant les lois françaises, le fameux Code
civil, « qui intervient, dit-il, pour protéger les enfants contre
les mauvais traitements de leurs parents. »

Certainement les parents n'ont pas le droit d'être injustes et
cruels à l'égard de leurs enfants; mais ce n'est pas la loi purement civile qui peut leur contester et dénier ce droit, c'est
la loi divine. Ne l'oublions pas: les enfants appartiennent à
Dieu plutôt qu'à leurs parents, et les lois de l'Etat n'auraient
certainement aucune valeur si elles étaient contraires à la loi
de Dieu.

Mais, dussions nous encourir les anathèmes de M. Compayré, qui a écrit l'*Orbilianisme* ou la condamnation de l'usage du fouet, nous soutiendrons « qu'il faut élever les enfants
dans la discipline et la correction du Seigneur » et que « c'est la
correction et même l'emploi de la verge qui donne la sagesse,
et que celui qui épargne la verge à son fils, lui montre, non de
l'amour, mais de la haine. »

Il est certain qu'avec toutes les idées et les pratiques de fausse
humanité, de molesse et de sensualisme répandues aujour-
d'hui, on ne peut obtenir que la pire des éducations. Les enfants gouverneront désormais, dans l'école comme dans la famille; ce sera le monde renversé. Eh ! certes, le présent mon-

tre déjà assez clairement ce que pourrait être l'avenir, si l'on continue à appliquer un si déplorable système...

Oui, autrefois, l'éducation paternelle était sévère et l'amour n'y désarmait pas la justice; mais cette éducation, à la fois douce et forte, servait à faire de grands hommes et même de grands saints.

Ecoutons M. Compayré : « Le droit d'aînesse, supprimé par la Révolution, était généralement en usage sous l'ancien régime. Le fils seul héritait au détriment des filles, l'aîné au détriment des puînés héritait des prérogatives, des titres, de la fortune de ses parents. Là famille était fondée sur l'inégalité et l'injustice. » Plus loin, il ajoute l'aveu suivant : « Sans doute la nature était quelquefois plus forte que la coutume; de tout temps il y a eu des familles où l'on se laissait guider par les sentiments naturels. » (Pag. 9 et 10.)

Il y aurait beaucoup à dire, au sujet de ce fameux droit d'aînesse, si incomplètement et même si mal exposé par M. Compayré. Pour l'expliquer d'une manière adéquate, il faudrait reproduire ici toute une étude magistrale, insérée par l'illustre et regretté M. Le Play, dans la *Réforme sociale*. On y verrait que ce régime du droit d'*aînesse*, qu'il appelle la *conservation forcée*, a été au moyen âge, pour les Français, les Allemands et les Anglais, la source de la prépondérance dont ces trois peuples jouissent encore aujourd'hui; que les meilleures constitutions sociales de l'Europe actuelle se sont lentement élaborées sous l'influence de ce système d'hérédité; qu'en France spécialement, à partir du moyen âge, les familles les plus intelligentes firent généralement usage du droit d'aînesse pour fonder et pour maintenir des établissements ruraux; qu'au xve et au xvie siècles, ce régime aboutit à une admirable organisation sociale, à une prospérité agricole dont les paléographes et les agronomes retrouvent avec étonnement les traces cachées par plusieurs siècles de décadence; qu'alors s'élevèrent tant de familles longtemps obscures qui, après avoir jeté lentement leurs racines dans le sol, fournirent enfin à l'armée, à la magistrature et à l'Eglise une suite non interrompue de rejetons célèbres; que le régime opposé, c'est-à-dire du *partage forcé*, n'a été établi que pour dissoudre l'ancienne société et ruiner l'autorité des pères de famille, gardiens naturels de la tradition nationale; que ce régime a de très fâcheuses conséquences, dont voici quelques unes : il provoque la ruine de l'établissement paternel, rend les mariages stériles, sape l'autorité du chef de famille, dispense les riches héritiers de la discipline salutaire du travail, en un mot, désorganise la famille et par suite la société entière...

Il est absolument faux, d'ailleurs, comme le remarque M. Le Play, que le droit d'aînesse ou la conservation forcée fût exclusivement en usage. Les trois régimes de succession étaient depuis longtemps pratiqués dans les limites de la France actuelle; et ce qui semble avoir toujours caractérisé chez nous ces trois régimes, c'est leur extrême mobilité, sous les impulsions diverses qui leur étaient imprimées par l'opinion. Cette action n'a pas cessé de se produire, même depuis l'époque où les coutumes ont été converties en lois écrites.

M. Le Play ajoute que le régime du partage forcé imposé par la Révolution ne s'est maintenu chez nous jusqu'à ce jour que par une véritable méprise ; qu'il ne peut réaliser en aucune façon la pensée des hommes d'Etat qui l'ont institué en 1793, et qu'il est en contradiction avec la pratique actuelle des peuples les plus libres et les plus prospères. Enfin, il termine par cette conclusion : « Le moment semble venu de mettre notre régime de succession en harmonie avec notre tradition et avec la pratique spontanée des populations les plus morales et les plus laborieuses du continent européen : ce but serait atteint par la *Liberté testamentaire* (1). »

On le voit, avec les larges idées de M. Le Play, nous sommes bien loin des attaques que M. Compayré dirige contre l'ancien régime.

Du reste, l'auteur ou les auteurs du Code civil ont bien compris les inconvénients du *partage forcé* et les avantages du régime contraire, puisqu'ils ont établi une espèce de droit d'aînesse par la *quotité disponible*.

« La loi autorise, il est vrai, dit M. Compayré, le père à disposer d'une partie de sa fortune ; mais il est rare que le père de famille use de ce droit. » (Pag. 10.)

Si vous croyez à cette *rareté*, vous vous trompez, M. le professeur. En fait, dans les campagnes, c'est la pratique ordinaire ; puisque tous les parents font ce qu'ils appellent un *aîné* et prennent tous les moyens nécessaires pour la réalisation de ce nouveau droit d'aînesse.

M. Compayré explique lui-même pourquoi la loi laisse au

(1) La *Réforme sociale en France*, t. 1, p. 265, 285, 318, 319, 350, 368.

père de famille la disposition libre d'une partie de ses biens :
« Certains enfants, dit il, peuvent démériter par leurs fautes. »
(Pag. 11.) Cet aveu nous suffit.

M. Compayré remarque avec raison que, dans la famille, en
droit comme en fait, l'autorité, le pouvoir appartiennent à la
mère comme au père. Mais à cette occasion, il lance brave-
ment l'affirmation suivante : « *Autrefois*, dit-il, la femme était
considérée comme l'inférieure de l'homme. On allait jusqu'à se
demander si la femme avait bien une âme. »

M. le professeur aurait bien fait de préciser davantage et de
nous dire l'époque et les auteurs de cette absurdité. Il n'a pas
osé sans doute ; mais nous nous rappelons que certains impies
n'ont pas hésité à attribuer cette *belle* doctrine à l'Eglise
catholique, ou du moins à quelques uns de ses conciles. M.
Compayré serait-il de la même école ? Dans ce cas nous lui
répondrions que plusieurs de ses confrères, v. g. M. Paul Bert
et tous les matérialistes de son espèce, nient absolument l'existence de l'âme, et que, par suite, ils seraient mal venus à
reprocher injustement à l'Eglise *une* erreur qui pour eux est
une vérité !...

M. Compayré donne pour limite au pouvoir paternel et ma-
ternel les lois purement civiles. (Pag. 12.)

C'est toujours le même système, qui consiste à mettre de
côté la loi divine et à regarder l'Etat comme infaillible et comme véritable divinité ! (1)

Voulant expliquer les devoirs de l'enfant envers ses parents,
M. Compayré pose en principe, que « la théorie de la morale
repose sur la raison et la pratique sur la sensibilité. » (Pag. 13.)
Qui ne voit que cette doctrine est tout au moins rationaliste et
même matérialiste, si l'on veut aller au fond des choses ? En
tout cas, elle n'est pas claire.

L'enfant doit aimer ses parents : cet amour est basé sur l'a-

---

(1) Il nous semble que, pour faire bien comprendre la pensée de
notre auteur, il est bon de relater ici les paroles qu'il met dans
la bouche d'un père de famille, dans son *Manuel élémentaire* :
« Aujourd'hui, mon enfant, je n'ai sur toi et sur tes frères d'autre
autorité que celle que je tiens de mon amour pour vous. Tu obéis
aux ordres de ta mère et aux miens, parceque ces ordres sont conformes à tes intérêts et ont pour but de te rendre heureux. Et
même, il viendra un jour, quand tu auras 21 ans accomplis, où nous
n'aurons plus d'ordres à te donner. Alors tu seras assez grand pour
te conduire toi-même et te passer de nous. L'autorité paternelle
n'a d'autre but que de se rendre peu-à-peu inutile. » Comment est-
il possible qu'on ose parler ainsi à des enfants, à de tout petits
enfants !

mour des parents eux mêmes et sur les bienfaits qu'ils ont prodigués à leurs enfants. Encore ici, pas un mot de Dieu, auteur de la nature et législateur du cœur de l'homme.

Le second devoir des enfants, c'est l'obéissance. « L'enfant doit obéir pour trois raisons : 1° Parce que la désobéissance afflige les parents ; 2° parce que la volonté des parents est conforme à l'intérêt de l'enfant ; 3° parce que les ordres paternels et maternels sont l'expression de la loi morale et de la loi civile. » (P. 18.) Encore ici, rien de Dieu et de ses commandements.

« L'obéissance filiale, dit M. Compayré, doit s'étendre à tout, doit être absolue. Obéir, c'est se soumettre aveuglément à l'autorité des parents. » (Pag. 20.)

Oui, mais avec la restriction du catéchisme, c'est à dire à moins que les ordres des parents ne soient contraires à la loi de Dieu. Nous voulons croire, pour le moment, que notre auteur admet cette restriction, puisqu'il veut bien proposer aux enfants l'exemple de Jésus Christ ; mais pourquoi ne pas l'insérer dans son ouvrage ? Croirait-il, par hasard, que depuis la *grande* Révolution, il soit impossible de trouver des parents qui préfèrent leur volonté à celle de Dieu ?

Troisième devoir, le *respect*. M. Compayré ne veut pas sans doute, en principe, qu'on abuse de la familiarité avec les parents et qu'on les traite comme des égaux ; mais il ne veut pas non plus qu'on *abuse* du respect, qu'on emploie des *formules de politesse excessive et affectée*, qu'on appelle, par exemple, son père *monsieur* et même qu'on lui dise *vous, car il est permis de croire que le tutoiement vaut mieux*. (Pag. 22.) Eh ! bien, nous nous permettons de croire qu'il vaut beaucoup moins et que les formules respectueuses sont toujours très bien placées dans la bouche d'un enfant.

De plus, nous trouvons ridicule la parole, plus ou moins authentique de Montaigne : « Les hommes sont bien singuliers, ils disent *vous* et *monsieur* à leur père; ils disent *tu* et *mon père* à Dieu. » D'ailleurs, l'opinion de Montaigne, sceptique et libre penseur, n'est pas une autorité pour nous : il parle en protestant et sans doute pour les protestants.

Quatrième devoir, la *reconnaissance, qui doit s'étendre par delà les parents jusqu'aux ancêtres qu'on ne connaît pas.* (Pag. 24.)

Mais comment montrer cette reconnaissance ? Il n'y a à peu près qu'un moyen ; mais ce moyen ne se trouve pas et ne peut se trouver dans les nouveaux *Manuels d'instruction civique* :

c'est la *prière*. Comment, en effet, pourrait on indiquer une pareille pratique, quand elle n'est plus même permise dans l'école laïcisée et sans Dieu ?

II. — Mais, c'est surtout devant l'*Ecole*, telle qu'elle est aujourd'hui, que notre auteur se pâme d'admiration, tandis qu'il ne parle qu'avec un suprême dédain des écoles d'autrefois.

« Qu'auriez vous dit, si vous étiez né cinquante ans plus tôt, alors qu'il n'y avait qu'une école par quinze et vingt villages, et que, pour se rendre en classe, l'enfant faisait chaque jour plusieurs lieues, presqu'un voyage ? » (Pag. 29).

Nous aurions dit, ou nous aurions pu dire, Monsieur le professeur, ce que nous vous dirons aujourd'hui : que cette pénurie d'écoles n'avait pas d'autre cause que les attentats et les destructions révolutionnaires. Quelles que soient les affirmations ou les négations intéressées des partisans de l'école *gratuite*, c'est-à-dire payée par tous, même et surtout par les *pauvres*, — *obligatoire*, c'est-à-dire tyrannique, — et *laïque*, c'est à dire absolument irréligieuse, — il est incontestable qu'avant la Révolution les écoles primaires étaient très répandues. C'est ce que démontrent les études savantes de MM. Edouard de Barthélemy, Siméon Luce, le vicomte Serrurier, M. Audiat, de Jussieu, Bellée, Allain, de Beaurepaire et tant d'autres. Si la Révolution n'était venue entraver le mouvement imprimé par le clergé, toujours à la tête des grandes choses, nul doute que les résultats déjà obtenus n'eussent été encore surpassés par ceux que promettait un avenir très prochain. (C. Barthélemy.)

Quant à l'histoire de l'instruction primaire pendant la période révolutionnaire, elle peut se résumer en deux mots : tout fut détruit, rien ne se fonda.

L'Assemblée constituante dispersa le personnel enseignant ; la Convention, par ses décrets souvent contraires, injustes inapplicables, compromit tout et ne fonda rien. Le Directoire se borna à poursuivre de sa haine les écoles religieuses, dont la prospérité condamnait les écoles révolutionnaires, comme nous le voyons aussi de nos jours. Du reste, M. Compayré lui-même, quoique panégyriste à outrance de la première République, est forcé d'avouer, dans un autre ouvrage, que le Directoire échoua, comme la Convention, dans son dessein de transformer l'enseignement primaire. (Hist. crit. des doctr. de l'éducat. en France, II, 321.)

Et de tout cela sortit « une génération irrécusablement sacrifiée à l'ignorance, » comme l'avoue le savant ministre Chaptal en 1801. Il ajoute : « L'éducation publique est presque nulle partout. Les écoles primaires n'existent presque nulle part, de manière que la masse de la nation croît sans instruction. »

Que si nous voulions savoir comment étaient tenues les rares écoles protégées par la Révolution et ce que valaient leurs instituteurs, l'évêque constitutionnel Grégoire, qui n'est pas suspect, nous dirait que « la plupart étaient impies, immoraux, ivrognes et la lie de l'espèce humaine; et que les enfants apprenaient *à faire le signe de la croix au nom de Marat, Châlier et Lazouski.* » (Annales de la religion, tom. 11, pag. 110.)

Et voilà bien encore où veulent ramener notre chère France les modernes partisans de l'école sans Dieu ! Mais nous ne doutons pas que les parents chrétiens ne se réveillent enfin et ne prennent tous les moyens légaux pour préserver leurs enfants de cet atroce empoisonnement de l'esprit et du cœur. C'est ainsi, du reste, que même sous la première Révolution, le défaut d'enseignement religieux faisait déserter les écoles officielles, selon le témoignage de Fourcroy : « Outre la mauvaise conduite, dit-il, l'immoralité et l'ivrognerie de beaucoup d'instituteurs, il paraît certain que *le défaut d'instruction religieuse est le motif principal qui empêche les parents d'envoyer leurs enfants à ces écoles.* On préfère les envoyer chez des maîtres particuliers que l'on aime mieux payer, parce qu'on espère y trouver une meilleure instruction, des mœurs plus pures et des principes plus religieux. »

M. Compayré fait l'éloge des maisons d'école actuelles, « qui ne sont pas encore aussi belles que nous le voudrions, dit il, et qu'elles le seront un jour, mais qui sont du moins propres et bien tenues, et qui ont de l'air, de l'espace, de la lumière. » (Pag. 29.)

Oh ! nous connaissons bien les dépenses folles que l'on fait aujourd'hui, ou que l'on va faire, pour la construction d'écoles trop souvent ridiculement luxueuses, et quelquefois uniquement destinées à combattre des écoles chrétiennes.

Sans doute autrefois on ne faisait pas ces folies ruineuses ; mais il n'est pas moins faux que les anciennes écoles fussent le plus souvent de *misérables échoppes,* comme l'affirme M. Compayré. Toutes les maisons d'école, tous les anciens collèges qui ont été conservés supportent assez facilement la comparaison avec nos plus beaux édifices scolaires de date récente. Et puis, ce ne sont pas les murailles plus ou moins grandes et plus ou moins belles qui donnent l'instruction.

Une petite et humble métairie, perdue dans les montagnes d'Alban, est devenue, pour le diocèse d'Alby, une pépinière d'excellents prêtres et d'hommes distingués en tout genre. On nous a raconté l'histoire de ces temps qu'on peut bien appeler les temps héroïques de Lafage, et nous avouons que rien n'a fait une si profonde impression sur notre cœur. Rien aussi ne saurait mieux prouver que point n'est besoin de magnifiques palais pour instruire et bien élever la jeunesse. Et nous ne sommes pas seul à penser ainsi. Voici un témoignage qui a bien sa valeur.

M. Paul Bert a osé dire qu'il fallait que l'école dominât, dans le village, l'église et le château. Voici la réponse que lui fait la *Liberté*, un journal républicain pourtant :

« Ainsi, c'est pour humilier l'église et effacer le château qu'on engloutira des sommes folles dans les écoles monumentales. Voilà le secret mobile de ces ruineuses dépenses. De là à pousser le cri de destruction des iconoclastes de 93 contre les édifices du culte et les manoirs féodaux, il n'y a pas loin. M. Paul Bert n'est qu'un sectaire qui a déclaré à la religion une haine implacable, nous savons cela ; mais ce n'est pas une raison pour jeter la fortune de la France dans les fantaisies révolutionnaires qui hantent son imagination. Si l'école a un rôle immense à remplir dans le relèvement de notre pays, ce n'est ni par son luxe extérieur ni par ses proportions grandioses ; c'est par l'enseignement qui y sera donné. Elle n'a pour mission ni de dominer l'église ni de faire oublier le château, mais de former de bons citoyens et d'honnêtes gens. Elle ne le fera qu'en répandant la morale pure dont l'église est le sanctuaire, et les idées élevées dont le château est généralement le foyer, surtout en désarmant les passions politiques, au lieu de les exciter. C'est à l'union féconde de l'église, du château et de l'école que tous les esprits généreux doivent travailler. »

On ne saurait mieux dire, et nous devons avouer qu'avec ces appréciations de républicains vraiment libéraux et honnêtes, nous sommes bien loin des élucubrations de M. Compayré.

« Avant la loi de 1833, dit il, il n'était pas rare de rencontrer des instituteurs qui savaient à peine lire et écrire. » (Pag. 30.)

Oui, depuis la Révolution et à cause d'elle ; mais avant cette triste époque, il n'en était pas ainsi. D'abord, généralement, c'était le clergé qui était chargé de surveiller et même de donner l'instruction; et puis, les maîtres laïques étaient loin d'être des ignorants et dans une situation précaire et malheureuse. Là place de régent était recherchée : ce qui suppose qu'on lui trouvait quelques avantages. C'est ainsi, par exemple, qu'en 1667, à Castres (Gironde), on vit un notaire et un humaniste aux prises pour diriger une école de village !...

« Autrefois, on enseignait à lire en latin, c'est-à-dire dans une langue inintelligible pour tous les enfants et inutile pour la plupart des hommes. » (Ibid.)

Et voilà pourquoi sans doute, depuis quelque temps déjà, on n'apprend plus à lire le latin dans nos écoles communales. Le latin est la langue de l'Eglise; elle l'emploi dans ses offices, dans sa liturgie : nous croyons donc qu'on a voulu ainsi empêcher le peuple de s'unir aux prières liturgiques, et les enfants de prêter leur concours au prêtre dans les fonctions de son sublime ministère...

« *Déchiffrer les vieux manuscrits* était la suprême science de l'instituteur. »

Certainement il avait plus que celle-là ; mais, après tout, c'était bien quelque chose que de lire les vieilles archives et d'y découvrir certaines vérités historiques que vous ignorez ou que vous faites semblant d'ignorer.

« L'instruction est un trésor et le plus grand de tous, le seul qu'on ne puisse enlever à ceux qui le possèdent. » (Pag. 32.)

Certainement nous avons autant d'estime pour l'instruction que peut en avoir M. Compayré; mais nous nous rappelons ces paroles d'un auteur bien connu : « Tout homme désire naturellement de savoir; mais qu'importe la science sans la crainte de Dieu ? Un humble paysan est certainement fort au dessus d'un philosophe superbe, qui néglige le salut de son âme et considère le cours des astres. » Enfin, est-ce l'instruction dont vous parlez qui fit les Eustache de Saint-Pierre, les Duguesclin, les Bayard ? Et cette Jeanne d'Arc, fille si simple, disent les historiens, que tout au plus savait elle son *Pater* et son *Ave*!...

« Mais il ne suffit pas d'avoir un trésor à sa disposition, il faut encore savoir en user, et c'est l'éducation qui nous apprend cela. » (Ibid.)

Très bien; mais si l'on ne travaillait à l'éducation des enfants qu'en leur disant, comme le fait M. Compayré, « que Napoléon Ier était un ambitieux, un égoïste, qui, pour la satisfaction de sa vanité, a fait périr des millions d'hommes, » nous nous permettrions de trouver que c'est un triste système d'éducation.

Il est vrai que notre auteur ajoute : « Ce sont les exemples et les conseils de la famille, les enseignements religieux, les leçons de morale qui contribuent le plus à l'éducation. »

Il faut lui tenir grand compte de faire ainsi l'éloge des *enseignements religieux* : c'est sur eux, en effet, que doit être basée la bonne éducation, et c'est la religion seule qui, selon le mot de Bacon, est l'arôme, le parfum qui conserve toutes les sciences : *Religio aroma scientiarum.* Mais nous sommes persuadé que cette phrase sera supprimée dans une nouvelle édition de son livre, car la nouvelle loi de malheur défend absolument aux instituteurs de parler de religion dans l'école.

Plus loin, M. Compayré traitant des devoirs envers l'instituteur, affirme « qu'après les parents, c'est l'homme à qui nous devons le plus. » (Pag. 35.)

Certes, ce n'est pas nous qui refuserions à un bon instituteur le respect, l'obéissance et la reconnaissance qui lui sont dus ; mais encore faut il qu'il remplisse exactement ses devoirs, ce qui lui est à peu près impossible, avec les tristes lois qu'on veut lui imposer.

Vous dites que « l'instituteur est le remplaçant des parents qui, n'ayant pas le temps ni le pouvoir d'instruire eux-mêmes leurs enfants, les confient à ses soins et à sa garde. » (Ibid.)

Mais, pour être logique, vous devez admettre qu'il doit les remplacer en tout, donner aux enfants les *enseignements religieux* comme les autres, et travailler ainsi à leur éducation comme à leur instruction.

Malheureusement, il n'en est plus ainsi, depuis que l'instituteur a réellement perdu sa noble mission de remplaçant du père de famille *(qui loco parentum habetur,* disaient les anciens Synodes, bien avant M. Compayré), en devenant un véritable *policier,* selon l'aveu de M. Paul Bert lui-même (Rapport du 20 juin 1882), un homme politique et l'organe des doctrines les plus irréligieuses et les plus subversives.

Expliquant les devoirs de la *camaraderie* ou envers les camarades d'école, qui « sont entre eux presque comme des frères, » M. Compayré dit qu'on doit « les aider, les obliger, se montrer patient pour leurs défauts, *ne pas dénoncer leurs fautes.* »

Il nous permettra de trouver cette dernière recommanda-

2

tion trop absolue. Non seulement il est quelquefois permis, mais il est même ordonné de dénoncer certaines fautes.

« Enfin, vous ne devez pas les oublier quand ils sont morts. »

Très bien, mais de quelle manière ? Faut-il se contenter d'un souvenir stérile, ou faut-il prier pour eux, même à l'école ? Le cas doit être embarrassant pour notre auteur, qui tient sans doute à exclure tout ce qui pourrait paraître *confessionnel !*

Livre II. — LA SOCIÉTÉ ET LA PATRIE.

I. — Dans le livre second, M. Compayré prétend former des hommes et des citoyens. Pour cela, il affirme « qu'il est cer-tainement plus intéressant et plus utile de savoir comment s'est formé le village ou la ville que nous habitons, que de connaître l'histoire de la création du monde. » (Pag. 41.)

Il est, en effet, très important, pour les enfants, pour leur avenir de savoir que « dans la grande société humaine, on se groupe, on joint ses efforts, pour atteindre différentes fins, pour se défendre contre les envahisseurs étrangers, con-tre les malfaiteurs du dedans, etc. »... (Pag. 42.) Tout cela est, en effet, plus nécessaire que de savoir que Dieu nous a créés et mis au monde pour le connaître, l'aimer et le servir, et par ce moyen obtenir la vie éternelle !

« Mieux vaut encore, ajoute-t-il, se rendre compte des attributions du maire de sa commune, que de savoir qu'il y a eu des juges dans les tribus d'Israël et des consuls à Rome. » (Pag. 41.)

Nous comprenons aisément qu'avec votre système, vous méprisiez l'étude de l'Histoire Sainte, que vous trouviez absurde « le récit de la Tour de Babel et de la multiplication et confusion des langues, » et pour le moins inutile l'histoire des juges d'Israël. (M. de Bellomayre disait naguère spirituel-lement, qu'on peut donner une idée de la confusion des lan-gues, par la confusion qui règne dans l'édifice républicain !) Mais que vous enveloppiez dans le même mépris l'Histoire Romaine, l'histoire des consuls et de la république qui a servi de modèle, jusqu'à un certain point, à la première *grande* République française, une et indivisible et impérissable ! cela nous paraît étonnant !...

Pour faire comprendre aux enfants ce que c'est que la socié-té ou l'état social, notre auteur leur dit que l'école est la pre-mière image de la société ou de la vie sociale. « Dans la société, on choisit un chef qui guide les autres ; on le choisit parce qu'il est le plus intelligent, le plus vertueux, le plus expérimenté. Ici, de même, vous avez un chef, votre instituteur, qui est chargé de vous diriger, parce qu'il est plus instruit que vous. » (Pag. 42.)

Nous aurons l'occasion d'apprécier plus tard la théorie de M. Compayré, la manière dont il veut que le chef de la société soit élu. Mais, puisqu'il emploie la comparaison que nous venons de citer, il devrait admettre aussi, pour être logique, que l'instituteur doit être choisi par le suffrage universel...

Nous admettons facilement, avec M. Compayré, que « la vie sociale est naturelle à l'homme, » et point n'est besoin qu'il nous donne l'exemple des animaux « qui, dit-il, se réunissent parfois, par bandes et par troupes. » (Pag. 44).

Plus loin, il pose la question suivante : « Pourquoi a-t-on pu dire que, pour vivre en dehors de la société, l'homme devait, être une bête ou un dieu. » (Page 45), Il aurait bien fait de résoudre lui-même cette question, puisqu'il affirme que « les animaux, eux aussi, nous donnent parfois l'exemple de la vie commune. »

Nous croyons parfaitement comme lui que « la société assure à l'homme une multitude d'avantages matériels ou intellectuels. » Mais nous devons ajouter, avec un sage écrivain du XV.IIe siècle, que « le sentiment du besoin que nous avons de la société ne suffirait pas, quoi qu'en dise M. Compayré, pour nous en rendre les devoirs respectables et sacrés, si nous ne savions, d'ailleurs, que tel est l'ordre établi par la sagesse et la bonté du créateur ; qu'en donnant à l'homme le droit de jouir des avantages de la société, il lui a imposé l'obligation d'être utile à ses semblables et de leur rendre les mêmes services qu'il a droit d'exiger d'eux. » (Bergier, dict. de théol.)

Ce n'est pas tout à fait ainsi que l'entend notre auteur. Il nous rapporte à sa façon et à peu près à la façon de Jean-Jacques Rousseau, comment s'est formé un village, « *première forme de la société humaine;* » puis, comment ce village devint une ville ; puis, comment les habitants du village ou de la ville bâtirent un château pour leur seigneur. « Puis le dit seigneur devint leur tyran, leur imposa les charges de l'esclavage, les accabla d'impôts et de corvées ; puis encore, dans cette œuvre d'oppression, le seigneur s'allia avec l'évêque de la ville voisine, et d'un commun accord ils appesantirent leur joug arbitraire et violent. Ce fut l'époque de la *féodalité*. » (Pag. 48, 40.)

Eh bien, il faut avouer que les enfants seront bien instruits et qu'ils auront des idées bien justes, quand ils auront lu ou entendu cette élucubration !

N'oublions pas de citer une phrase qui n'a l'air de rien, mais qui n'est pas là sans but, quoiqu'elle soit peut être une maladresse : « Le curé n'était pas moins persécuté, violenté que le peuple. »

Il ne sera pas difficile de montrer que la *féodalité*, système Compayré, est une pure invention ; mais nous devons remarquer que la nouvelle *féodalité* républicaine, système Paul Bert et Compagnie, est en train de réaliser les excès prétendus de l'ancienne, même et surtout à l'égard des curés ! Oui, vous surtout, pauvres *desservants*, vous n'avez qu'à vous bien tenir ! Sans cela gare la famine !...

Avant de répondre plus catégoriquement à M. Compayré, continuons l'exposé de ses assertions que nous citons à peu près littéralement : « Plus tard, le seigneur et l'évêque subirent à leur tour la loi du plus fort. Ils se courbèrent sous la domination du roi, dont ils devinrent les serviteurs, les courtisans dociles. Mais le pauvre peuple du village ne gagna rien à ce changement : au lieu d'un seul maître, il en eut deux, le seigneur et le roi. (Il paraît que l'évêque avait disparu !) Aux impôts, aux corvées du seigneur, s'ajoutèrent les impôts, les corvées du roi. Ce fut l'époque de la *Royauté*. Il a fallu des siècles pour changer cet état de choses, pour échapper, soit à l'arbitraire du seigneur féodal, soit à l'oppression ecclésiastique, soit à la domination royale. Après de longues luttes et de longues souffrances, nous devons cette conquête, cette délivrance, à la *Révolution*, qui doit être à jamais bénie. » (Pag. 49, 50.)

Voilà le roman, et voici maintenant l'histoire.

« Lorsque les Francs entrèrent dans les Gaules, dit M. Rohrbacher, c'était une armée d'hommes libres, ayant son général en chef sous le nom de roi, ses généraux divisionnaires sous le nom de ducs, ses colonels sous le nom de comtes, ses capitaines sous le nom de barons. Cette armée s'étant répandue et fixée dans le pays, y établit naturellement sa hiérarchie militaire, pour mieux le gouverner et le défendre. Les hommes libres restaient subordonnés aux barons, les barons aux comtes, les comtes aux ducs, les ducs au roi. C'est ce qu'on appelle le système féodal, qui, au fond, n'est que la subordination militaire implantée dans le sol. Mais pour que la subordination se maintienne dans une armée, il faut que le chef ait de la tête. Ainsi, quand le chef réel de l'armée ou de la nation des Francs se nommait Charles Martel, Pépin le Bref, Charlemagne, cette armée, cette nation marchait comme un seul homme ; mais quand ce chef s'appelait Louis le Débonnaire, Lothaire Ier, Charles le Chauve, les liens de la subordination militaire et territoriale se relâchèrent de plus en plus. L'invasion des Normands y porta le dernier coup. Charles le Chauve, ne se trouvant plus en état de défendre lui seul toute la France, autorisa expressément chaque ville, chaque seigneur à se défendre soi même. Alors la subordination au chef de la hiérarchie féodale n'existait plus que dans le souvenir. Cet état de choses dura jusqu'aux Croisades, environ deux siècles. »

Ajoutons que, pendant cette période, l'Eglise remplit le rôle que la royauté était impuissante à occuper. La féodalité, triomphante ou du moins à peu près indépendante de son chef, voit se dresser devant elle un pouvoir spirituel, qui fait entendre partout la voix de la justice, réprime les violences au moyen des peines ecclésiastiques et l'association populaire, comme nous le verrons bientôt, et donne ainsi un lien puissant à cette société si morcelée. « Ainsi, conclut M. Edmond Demolins, l'unité politique, brisée sous les Carlovingiens, se reforme sous la tiare des Papes, avant de se reconstituer de nouveau sous le sceptre des Capétiens. » (*Hist. de France*, tom. I, p. 324.)

C'est sans doute à cette puissance tutélaire de l'Eglise au moyen âge qu'a voulu faire allusion M. Compayré, par une question qu'il a posée et à laquelle il n'a pas lui même répondu, sauf par les odieuses accusations que nous avons citées : « Qu'appelle t on théocratie ? »

La *théocratie* est le gouvernement direct de Dieu, tel qu'il a existé autrefois chez le peuple juif, au temps de ces *juges* dont l'histoire intéresse si peu M. le professeur ; mais on ne saurait appeler de ce nom la puissance que les peuples chrétiens ont librement et avec juste raison reconnue, pendant le moyen âge, au chef suprême de la chrétienté, et pour l'usage de laquelle l'Eglise n'a jamais prétendu être inspirée de Dieu.

Il y eut autrefois, comme il y aura toujours, des abus ; ils sont inséparables de toute société humaine. Mais tous les écrivains impartiaux, même ceux qui ne sont ni religieux, ni royalistes, ont rendu justice à la *féodalité*. Il est incontestable que la féodalité fut illustrée par la chevalerie, les croisades, la naissance des langues et des littératures modernes. Comme régime politique, elle eut également ses avantages. Sur le passé, c'est un progrès, un commencement d'organisation. Dans le présent, elle active la fusion des races par le morcellement du territoire, restitue à chaque localité le droit de défense et oppose une digue à l'invasion normande. Pour l'avenir, elle dispose les éléments qui doivent concourir à la constitution du pouvoir royal et à l'affranchissement des communes. *(Mgr Fevre.)*

Si l'on ne connaissait la mauvaise foi des écrivains révolutionnaires, on pourrait s'étonner qu'ils ne parlent point de l'affranchissement des communes au moyen âge ; mais, comme nous l'avons plusieurs fois remarqué, c'est pour eux un parti pris de ne reconnaître aucun mérite à ce qu'ils appellent l'*ancien régime* et d'accorder tous les mérites imaginables à l'*immortelle* Révolution.

Ce fut, toutefois, un beau spectacle que cet admirable mouvement d'association ou de confédération, qui changea la situation des classes inférieures de la France, qui les fit gouverner par des magistrats élus par elles, régler d'après l'équité naturelle leurs rapports avec les nobles et les seigneurs, et s'engager à se défendre, même par les armes, contre quiconque oserait porter atteinte à leurs droits.

Ces associations furent grandement favorisées par l'Eglise, c'est-à-dire par le clergé et par l'autorité royale. Par l'Eglise d'abord, qui, en prêchant aux fidèles de toute race le dogme de la fraternité humaine et d'une seule rédemption pour tous, en faisant prier dans la même église, comparaître au même tribunal, asseoir à la même table les grands et les petits, en recrutant ses ministres dans toutes les classes de la société, avait développé, dans le peuple, des idées dont le monde ancien n'eut jamais connaissance et dont l'affranchissement des communes fut la réalisation.

Du reste, en humanisant les seigneurs, en affranchissant les serfs, en faisant leur éducation et en leur donnant l'idée de s'associer, le clergé eut encore une part immense dans la préparation de ce grand mouvement... Que si, dans le fait même de l'affranchissement, il se trouva quelques évêques mal inspirés qui, comme seigneurs temporels, s'opposèrent aux communes, il est certain que le clergé fut loin de montrer une opposition systématique, et que presque tous les évêques favorisèrent la liberté, bien loin de chercher à l'opprimer. D'après plusieurs auteurs contemporains, dit M. Rohrbacher (1), les premières communes de France furent établies, sur la demande du roi, par les évêques, pour aider le roi et défendre le peuple contre les violences de quelques mauvais seigneurs. » Voilà l'histoire vraie.

Ajoutons, avec M. Le Play, que dès le xiie siècle on vit aussi s'accomplir, dans la plupart de nos provinces, l'émancipation des classes rurales, par la libre initiative des propriétaires et par une entente intelligente avec les corvéables. (La Réforme sociale, t. iv, pag. 175.)

Encore une fois, qu'il y ait eu des abus, sous l'ancien régime et dans le système féodal, surtout dans sa dernière période ; que la royauté ait commis, surtout au XVIIIe siècle des excès, et des fautes ; que Louis XIV, notamment et après lui Louis XV, aient détruit en partie, dans les villes et dans les campagnes, ces libertés, ces franchises locales, ces autonomies régionales, si heureusement créées au moyen âge par la royauté et par l'Eglise, et aient préparé, sans s'en douter, les bouleversements révolutionnaires, nous n'y contredisons pas; au contraire, nous blâmons hautement ces excès et ces fautes que réprouvent également la conscience humaine et la science sociale. Mais envelopper dans une même réprobation tout le passé de la France, ne faire dater nos droits, notre grandeur, notre unité nationale que de l'ère révolutionnaire, enseigner que tout était mal autrefois et que tout est bien sous la présente république, c'est faux, c'est injuste, c'est absolument odieux !..

II. — Voulant expliquer ce que c'est que la *Patrie*, M. Compayré dit que la famille est la première image de la patrie, que la famille est une petite patrie et la patrie une grande famille. (Pag. 53.) Il cite une pensée qu'il attribue à Jean-Jacques Rousseau : « C'est par la petite patrie, la famille, que le cœur s'attache à la grande patrie. » (Pag. 58.) Puis, il réfute le *cosmopolitisme*. « Sans doute, dit-il, il faut aimer l'humanité ; mais il faut préférer la patrie. Le vrai moyen d'assurer le progrès de l'humanité, c'est de contribuer d'abord au bien de sa patrie, de même que pour assurer la grandeur de la patrie, le mieux est de travailler à la prospérité de sa famille. » (Pag. 60.) Ce qui n'empêche pas qu'il ne condamne le *patriotisme de clocher*, parce qu'il le trouve *incomplet* et *dangereux* (pag. 55).

(1) Orderic Vital, l'abbé Suger, de Saint-Denys ; Guibert, de Nugent.

Tout cela nous semble assez décousu et peu compréhensible ; et nous préférons de beaucoup, au risque d'être accusé de cosmopolitisme, cette belle parole de Fénelon : « J'aime mieux ma famille que moi même, j'aime mieux ma patrie que ma famille, mais j'aime encore mieux le genre humain que ma patrie. » Du reste, parler et penser autrement serait un absurde égoïsme.

M. Compayré cite quelques traits de patriotisme, sur lesquels nous pourrions et devrions faire des réserves. Au reste, tous les auteurs de manuels civiques, genre Paul Bert et Cie, honorent les mêmes héros, les mêmes saints : c'est Viala qui tient la corde ; Bara, Latude, Baudin, Etienne Marcel et Garibaldi viennent ensuite. (Alf. Savouré) Maintenant, on ajoutera sans doute Gambetta !...

Notre triste auteur affirme de nouveau que « jusqu'ici l'amour de la patrie n'a pas été enseigné en France. » (Pag. 57) C'est un cliché et il le répète toujours, sans se mettre en peine de se contredire. Enfin, il veut bien avouer que la France, après les désastres de la guerre de Cent Ans, s'est relevée de son abaissement, grâce au patriotisme de Jeanne d'Arc (Pag. 62) ; mais il se garde bien de dire que ce patriotisme fut inspiré par la Religion et par le dévouement monarchique.

III. — Passant à l'exposition des *droits civils*, M. Compayré remarque triomphalement que la Révolution française a proclamé les Droits de l'homme et du citoyen, dans la fameuse Déclaration du 12 août 1789. » (Pag. 64.)

Et nous, sans entrer dans l'examen de ces prétendus *droits*, nous répèterons, avec M. de Bonald, que « la Révolution, qui a commencé par la déclaration des droits de l'homme, ne finira que par la déclaration des droits de Dieu. » Et Dieu veuille que ce soit bientôt !

Du reste, lorsqu'à la veille d'une révolution tristement mémorable, une Assemblée proclama la Déclaration des droits de l'homme, qu'elle allait bientôt si odieusement fouler aux pieds, il y avait déjà de longs siècles que la France jouissait de l'exercice de ces droits et que le nom de citoyen était une réalité. On ne saurait trop le répéter : « La liberté est ancienne, c'est le despotisme qui est nouveau. »

L'Eglise proclama la liberté véritable, l'égalité et la fraternité, dès les premiers jours de sa naissance. Maintenant, au contraire, les vrais droits de l'homme se perdent de plus en plus chaque jour, parce que l'Etat s'éloigne de ce qui en est la vraie et seule source, Dieu. Tel est le jugement de tous les

auteurs impartiaux, que nous pourrions citer, avec M. Ch. Barthélemy, comme MM. Guizot, Guérard, Lavallée, Augustin
Thierry et même M. Louis Blanc (1). Mais tout cela est bien
différent de la thèse de M. Compayré, qui recommence ici l'in-
terminable et partiel parallèle que nous connaissons déjà.

« Autrefois, dit-il, sous l'ancien régime, il y avait de très
criantes et de très nombreuses inégalités, desquelles résul-
taient d'injustes privilèges pour les nobles et des charges oné-
reuses pour le peuple. Pour parvenir aux emplois publics, pour
avoir un grade dans l'armée, il fallait être noble. Les nobles,
pour obtenir tout, n'avaient que la peine de naître. Les autres
travaillaient toute leur vie pour n'arriver à rien. » (Pag. 65.)

C'est bien, en effet, ce que prouve le siècle de Louis XIV,
avec son cortège de grands hommes, pris dans tous les rangs de
la nation ! Ouvrez donc les yeux, aveugles volontaires, et vous
verrez alors l'égalité devant la gloire, et vous avouerez que
c'est précisément alors que la bourgeoisie et le peuple fournirent les grands ministres, les grands ambassadeurs, les grands
marins, les grands hommes d'affaires. (Ch. Barth.)

« Autrefois, l'instruction, elle aussi, était un privilège
réservé à certaines classes... Aujourd'hui, grâce à la Révolution, toutes les inégalités de convention ont disparu ; tous les
citoyens sont également admis aux emplois, sans autre distinction que leurs vertus et leurs talents (?) ; tous sont également appelés aux bienfaits de l'instruction ; tous ont les mêmes droits, qui se résument dans la liberté. »

C'est merveilleux ! Toutefois, ce n'est pas nous qui mettrons
des ombres à ce tableau, ce sera M. Paul Bert lui-même que
nous ne ferons que citer : « Sans doute, dit il, tout n'est pas
parfait. L'égalité devant le service militaire est un peu faussée
par le volontariat d'un an ; l'égalité devant l'impôt, par les
impôts indirects. Sans doute, l'homme riche a plus de chances
que le pauvre d'être député, et son fils a plus de facilité que
le fils du pauvre pour devenir ingénieur, général, millionnaire.
Mais tout cela n'est pas grand chose ; avec le temps, on y trou-
vera remède. » (Pag. 122.)

(1) « La *Déclaration des Droits de l'homme*, dit M. Le Play, ne
contient, en fait de vrais principes, que certaines vérités tradition-
nelles de l'humanité. Ce qui est propre à 1789, c'est l'abandon du
Décalogue et l'adoption des trois faux dogmes dont l'application
engendre plus que jamais, sous nos yeux, la souffrance et la barbarie. » (Pag. 383.)
Ces trois dogmes, dont parle M. Le Play, sont la *Perfection
originelle*, l'*Egalité providentielle* et le *Droits de révolte*.

En attendant, tous ces amis intéressés de la Révolution exagèrent à qui mieux mieux les abus de l'ancien régime, et atténuent d'autant, quand ils ne peuvent les nier, les abus bien plus déplorables des temps actuels.

Inutile de relever ici l'assertion gratuite et mensongère de M. Compayré, à savoir, que l'instruction était autrefois un *privilège de certaines classes*. De quelles classes, s'il vous plaît ?

On a répété si souvent, dans un certain parti, que les seigneurs d'autrefois se faisaient un honneur de ne pas savoir signer, que s'il y avait une classe privilégiée, ce devait être la classe populaire ! Eh bien, nous affirmons, nous, et nous avons les mains pleines de preuves, que l'instruction était offerte alors à toutes les classes de la société, par les soins de l'autorité religieuse et civile, et que ceux qui auraient voulu la refuser aux enfants du peuple, étaient précisément les philosophes impies, précurseurs et fauteurs des attentats de la Révolution !

C'est toujours avec la même exagération que M. Compayré nous dépeint la condition du serf au moyen âge ; il en fait un véritable esclave, attaché au sol, comme une plante, et qu'on vendait avec lui ; ne possédant rien et n'ayant pas le droit de posséder ; ayant une famille, des enfants, dont le seigneur disposait à son gré et qu'il mariait comme il l'entendait. (Pag. 68.)

Tout cela est démenti par l'étude sérieuse de documents authentiques. Nous pourrions citer M. Siméon Luce, dans son Histoire de Duguesclin, et bien d'autres auteurs impartiaux ; mais nous voulons simplement indiquer ici un article très remarquable, dans ce sens, de M. Baudrillard, de l'Institut de France, qui a paru, en 1878, dans la *Revue des Deux-Mondes*. Ni M. Baudrillard n'est clérical, ni la *Revue des Deux-Mondes* n'est suspecte d'amour pour l'ancien régime. Il en résulte qu'on peut et qu'on doit les en croire, lorsqu'ils affirment, sur la foi de documents authentiques, que la misère des ouvriers et des paysans, et la tyrannie des seigneurs, sont des fables ou, tout au moins, d'énormes exagérations.

« Après tout, dit M. Buet, qu'est-ce donc que le joug seigneurial, en comparaison du joug terrible de cette abstraction que l'on nomme aujourd'hui l'Etat ? »

« L'histoire est là pour nous apprendre, dit M. Mortimer-Ternaux, que la tyrannie collective est cent fois plus dure, cent fois plus cruelle, cent fois plus insupportable que la tyrannie individuelle ; car le tyran collectif n'a ni cœur, ni

entrailles, ni oreilles : il n'entend même pas les plaintes de
ses victimes. Nous l'avons bien vu, dans ces temps de hideuse
mémoire, dans cette année 1793, dont on rappelle aujour-
d'hui si complaisamment le souvenir. » (*Histoire de la Terreur*, I. p. 2.)

Quant aux droits ou privilèges seigneuriaux, que M. Compayré exagère aussi à plaisir, invente même de toutes pièces,
pour mieux noircir le tableau, nous renvoyons nos lecteurs au
ivre bien connu de M. Louis Veuillot, et nous nous contente-
rons de citer l'appréciation suivante de M. Taine, qui n'est
certainement pas suspect, au commencement de son remarquable ouvrage, les *Origines de la France contemporaine* :
« En 1789, dit-il, trois sortes de personnes : les ecclésiastiques, les nobles et le roi, avaient dans l'Etat la place éminente
avec tous les avantages qu'elle comporte : autorité, biens,
honneurs, ou, tout au moins, privilèges, exemptions, grâces,
pensions, préférences et le reste. Si depuis longtemps ils
avaient cette place, c'est que pendant longtemps ils l'avaient
méritée. En effet, par un effort immense et séculaire, ils
avaient construit tour à tour les trois assises principales de la
société moderne. » Après cette introduction, M. Taine examine
et constate loyalement les services du clergé, de la noblesse et
de la royauté, qui leur avaient mérité une pareille récompense.

Il paraît que les néo-républicains ont ourdi la conspiration du
silence contre l'ouvrage de M. Taine. Nous n'en sommes pas
surpris, parce qu'on y trouve bien souvent la preuve de l'injustice de leurs accusations contre l'ancien régime, comme aussi
la condamnation motivée des auteurs de la grande Révolution.

S'il y avait des privilégiés sous l'ancien régime, n'y en a-t-il
pas aujourd'hui ? Nous venons de citer M. Paul Ber' qui l'avoue,
et nous pouvons ajouter que, malgré toutes les lois égali-
taires, il y en aura toujours plus ou moins. Car, comme disait
Mirabeau à l'Assemblée constituante : « Songez, Messieurs,
qu'il faudra toujours un patriciat en France. » Malheureusement, le patriciat qu'on est en train de nous faire, est le plus
triste des patriciats !... (1).

---

(1) Pour montrer que tous ces grands prôneurs d'égalité et ces
implacables ennemis des privilèges ne le sont que pour la galerie
et sont loin d'être de bonne foi, citons un mot caractéristique de
Mirabeau que rapporte M. Taine. Mirabeau rentrant chez lui après
avoir voté l'abolition des titres de noblesse, saisit son valet de
chambre par l'oreille et lui crie en riant de sa voix tonnante : « Ah
ça ! drôle, j'espère bien que pour toi je suis toujours M. le comte. »
(*Ancien régime*, page 375.)

Ecoutons encore M. Compayré : « Il n'y avait pas de loi qui protégeât le pauvre contre le riche, le faible contre le fort. C'est le seigneur qui exerçait la justice sans autres règles que la tradition et sa fantaisie. » Pas d'autre juge que Dieu entre le seigneur et le vilain, » disait la coutume féodale. « Mais Dieu était bien loin », ajoute notre auteur.

Pas si loin que vous croyez, Monsieur! D'ailleurs, il est faux que les seigneurs exerçassent eux-mêmes personnellement la justice; ils avaient leurs juges, comme l'avoue M. Paul Bert, tout en exprimant les mêmes calomnies que M. Compayré.

Sur l'équité des magistrats seigneuriaux et sur leur dignité personnelle, nous pouvons indiquer les études bien autrement sérieuses de M. Fustel de Coulanges, (*Revue des Deux Mondes*, 15 mars 1871.) Nous connaissons nous même un procès dans lequel les juges de l'ancien régime donnèrent raison à un tout petit meunier et condamnèrent un marquis, haut et puissant seigneur de ce temps là !... Et Et voici maintenant le contraste et le progrès : en 1880, sous le nouveau régime, M. Cazot, juge, prononce sur les réclamations élevées par les victimes de M. Cazot, ministre, et condamne les réclamants !...

Nous savons maintenant à quoi nous en tenir sur l'affirmation de M. Compayré que « les droits seigneuriaux étaient le comble de l'iniquité et de la violence. » Disons, à notre tour, que la plupart de ces *manuels* soi disant *civiques* sont le comble du mensonge ou de l'exagération...

Il nous serait facile de montrer aussi l'exagération de tout ce que dit notre auteur au sujet de la *corvée*, qu'on peut comparer, quoi qu'il en pense et qu'il en avance, avec ce qu'on appelle aujourd'hui les *prestations*. « Pourquoi flétrir la corvée, dit M. Charles Buet, dans un siècle où elle existe, moins justement d'ailleurs, sous le nom de prestation en nature ? »

Exagération dans un autre sens et optimisme à outrance quand on nous dit. « que chaque citoyen respecte la propriété des autres citoyens et qu'aujourd'hui les voleurs sont rares. » (Pag. 74. 75.)

Pour nous en convaincre, nous n'avons qu'à ouvrir un journal, le premier venu : il faut croire que M. Compayré ne lit pas les journaux! Il devrait lire au moins le rapport de M. Waldeck-Rousseau, qu'on a distribué naguère à la chambre, et où il est dit que, « depuis un demi siècle, le nombre des récidivistes n'a cessé d'augmenter dans une inquiétante proportion. »

Exagération et mensonge encore dans cette affirmation
« qu'autrefois le seigneur et le roi étaient les seuls propriétaires du territoire. » (Pag. 76.)

A l'entendre, il n'y aurait pas eu autrefois même des notaires : or, il y en avait beaucoup plus qu'aujourd'hui, et c'est
justement dans les registres de leurs actes qu'on trouve les
choses les plus intéressantes pour l'histoire locale, pour
l'histoire de chaque commune : inutile de remarquer, d'ailleurs, qu'il n'y avait pas que le seigneur et le roi qui eussent
recours à ces notaires : ils n'avaient donc pas accaparé toutes
les propriétés individuelles.

« C'est la révolution, dit M. Compayré, qui a proclamé et
établi la liberté du travail. Sous l'ancien régime, la liberté du
travail n'existait pas. » (Pag. 77. 78.) Savez-vous pourquoi ?
Parcequ'il y avait alors des *corporations*.

Encore une fois, nous ne prétendons pas que tout fût parfait ; mais il est certain que les anciennes corporations ont
rendu d'éminents services à la société, en établissant, comme
dit M. Le Play, *la stabilité des existences*. Aujourd'hui, d'ailleurs, il ne manque pas d'économistes qui, sans vouloir rétablir absolument toutes les institutions de l'ancien régime,
trouveraient très opportune, pour résoudre la grande question des rapports entre patrons et ouvriers, la fondation de
quelque chose d'analogue aux anciennes corporations. Du
reste, M. Le Play lui-même, qui n'est point partisan des
corporations fermées et des *engagements forcés*, avoue
cependant « que les transformations sociales font naître jour-
nellement des besoins nouveaux, auxquels on ne peut pour-
voir qu'à l'aide des corporations ; » et il dit « que le vrai
rôle des corporations est de compléter l'activité individuelle
sans l'amoindrir. » (T. III, p. 3.)

Un autre témoignage, qui est encore moins suspect, en faveur
des corporations d'ouvriers au moyen âge, est celui de M.
Louis Blanc : « La fraternité, dit il, fut l'origine des communautés de marchands et d'artisans. Une passion, qui n'est plus
aujourd'hui dans les mœurs et dans les choses publiques, rap-
prochait alors les conditions et les hommes : c'est la charité. »
Évidemment nous n'avons rien de mieux à tenter et à réaliser,
avec la grâce de Dieu, que de faire rentrer cette belle, cette
sainte, cette divine passion dans les mœurs et les choses publiques.

« Le citoyen, dit M. Compayré, a le droit de croire ce qui

lui paraît être la vérité : c'est ce qu'on appelle la liberté de conscience. » (Pag. 80.)

Il y aurait beaucoup à dire sur cette prétendue liberté de conscience, que notre auteur expose fort mal, du moins historiquement. Il est certain que nous ne sommes pas libres de professer ce que nous voulons *devant Dieu* (il est vrai qu'il n'est plus permis de parler de Dieu dans l'école) ; il est certain aussi que nous ne sommes pas libres, devant la conscience catholique, de nier le principe de l'autorité dogmatique et disciplinaire de l'Eglise, principe qui est fondamental pour nous ; et de plus que, *devant les hommes même* ou devant le pouvoir social, il ne saurait être permis d'exprimer publiquement, ni surtout de faire passer dans les actes, des croyances subversives et destructives de la morale et de la société. Du reste, d'après M. Compayré, même dans la Déclaration des Droits de l'homme, on n'admet la liberté des opinions religieuses que *pourvu que les manifestations ne troublent pas l'ordre public.*

On sait comment nos modernes tyranneaux ont trouvé, dans ce prétendu code de liberté, le moyen d'empêcher arbitrairement les manifestations religieuses !

Après cela, que l'on condamne certains princes ou certains gouvernements d'avoir ordonné la Saint-Barthélemy et autres déplorables procédés du même genre, nous n'y contredirons pas ; mais qu'on accuse le catholicisme, qui n'est absolument pour rien dans tous ces faits purement politiques, voilà ce que nous ne souffrirons jamais sans faire entendre la plus énergique protestation.

Ainsi, nous nous inscrivons en faux contre l'assertion suivante de M. Compayré : « Il y eut un temps où les catholiques (c'est-à-dire le catholicisme) obligeaient tous les citoyens à se faire catholiques, ou du moins à faire semblant de l'être sous peine d'être exilés, emprisonnés, quelquefois même massacrés et brûlés. »

Il est vrai que notre auteur, pour mieux faire passer son attaque contre l'Eglise catholique, accuse aussi les protestants ; mais on remarquera que son accusation est fort adoucie, bien qu'elle soit ici très méritée : « De même, il y avait des pays protestants, où il fallait être protestant, si l'on ne voulait pas être proscrit ou envoyé aux galères. » (Pag. 180).

Certes, il n'y avait pas toujours que les galères, et M. le professeur ne saurait ignorer, par exemple, que Calvin, à Genève, a fait décapiter et même brûler ses contradicteurs, Michel Servet et autres !

Il n'ignore pas non plus, lui qui accuse l'Eglise de fanatisme, que la liberté de conscience fut loin d'être pratiquée pendant l'*immortelle* Révolution ; et certainement les massacres effroyables de cette triste époque ont montré, une fois de plus, ce que valent dans la bouche des impies et des révolutionnaires les grands mots de tolérance et de liberté !

« Mais aujourd'hui, s'écrie M. Compayré, c'est bien différent. La Société civile, qui protège votre propriété, votre travail, votre conscience et vos opinions, vous garantit d'autres biens encore : d'abord votre vie, qu'elle ne laisse pas impunément menacer (pas toujours, car il y a bien des menaces même réalisées qui restent aujourd'hui impunies : témoins les troubles et attentats de Montceau-les-Mines); votre liberté individuelle, votre domicile qui est inviolable (oui, jusqu'à ce qu'il plaise au pouvoir administratif de le violer : témoin l'exécution inique et barbare des fameux décrets); vous ne pouvez être arrêté, emprisonné, que si vous avez désobéi à la loi (excepté qu'il prenne fantaisie à un procureur ou substitut de vous infliger une prison préventive, plus ou moins longue, avant de connaître votre culpabilité); votre réputation enfin et votre honneur : si vous êtes diffamé, calomnié par vos concitoyens, la société prendra la défense de votre droit méconnu. » (Pag. 81.)

Sur ce dernier point, nous connaissons des faits et en grand nombre, qui contredisent formellement le jugement optimiste de M. Compayré, surtout quand les calomniés sont des prêtres ou des religieux ; mais on a bien autre chose à faire que de s'occuper de ces gens là, de cès *cléricaux*, si ce n'est pour les persécuter !

Notre auteur prétend que, dans les pays monarchiques, il n'y a pas l'amour de la patrie ; et, comme preuve, il cite une parole qu'il attribue à Voltaire : « Un républicain est toujours plus attaché à sa patrie qu'un sujet à la sienne, par la raison qu'on aime toujours son bien plus que celui de son maître. » (Pag. 82.) Comme si tout citoyen n'était pas le propriétaire, le maître de son bien, autant sous une monarchie que sous une république ! et comme si, à l'instant même où la présente république fut votée tous les Français, de serfs ou de fermiers, étaient devenus tout-à-coup propriétaires et maîtres de ce qui ne leur appartenait pas auparavant !...

Nous nous défions un peu de ces citations, qu'on ne peut pas vérifier. Au surplus, rien n'étonne de la part de Voltaire, prosterné à plat ventre devant les ennemis de la France et n'ayant de mépris et d'injures que pour sa pa'rie ! Le beau modèle de patriotisme qu'on nous cite là !...

M. Compayré explique ensuite aux écoliers leurs devoirs envers la patrie : c'est, d'abord, d'aller à l'école.

Ici re ommence l'éloge de la *gratuité absolue* de l'école, qui n'est qu'un leurre et qu'un mensonge, car « il est inexact, dit M. Le Play, d'appeler gratuit un service rétribué par l'impôt ; » de *l'obligation absolue* de l'école ou de l'école obligatoire, qui poussée dans toutes ses conséquences est absolument tyrannique, et impose à l'Etat l'obligation d'indemniser les parents qui ont besoin de leurs enfants, ce qui serait la ruine de nos finances déjà fort compromises.

Notre auteur prétend « qu'avec l'instruction obligatoire, il ne sera plus permis d'être ignorant. »

Paul Bert a dit, le 18 septembre 1881, chez Véfour, à ce fameux banquet de cinq cents couverts : « La majorité des enfants sort de l'école ne connaissant que la lecture et l'écriture et quelquefois l'horreur de la lecture et de l'écriture. »

Eh bien, oui, pour une fois, Paul Bert a dit la vérité ! Et longtemps encore ce tableau sera exact. Oui, en dépit de l'augmentation de nos budgets scolaires ; en dépit de cette débauche pédagogique à laquelle nous assistons depuis trois ans ; en dépit des bruyants discours de cette nouvelle fournée de réformateurs ; en dépit des prestidigitations de leur statistique, de toutes leurs hypocrisies et de tous leurs blasphèmes ; en dépit de ces jagorneries honteuses dont ils fatiguent, dont ils enivrent leurs instituteurs ; en dépit de tous leurs décrets, de toutes leurs lois existantes ou mortes, plus de la moitié des enfants qui vont actuellement à l'école communale, qui y vont régulièrement, en sortent sachant à peine lire, à peine griffonner, incapables de faire une division, ignorant même l'orthographe usuelle. Voilà un fait qu'il est assez facile de constater, comme d'en découvrir les causes. (Alf. Savouré. Bullet. de la Société g¹ᵉ d'éduc. 15 juillet 1882.)

M. Compayré affirme que l'obligation scolaire existe déjà dans la plupart des pays de l'Europe.

Ce qui est vrai, c'est qu'elle n'existe à peu près nulle part, au moins séparée de la religion, si ce n'est maintenant en France et en Belgique, et encore la Belgique jouit elle d'une certaine liberté que nous ne saurions trouver chez nous.

Oui, chez la très grande majorité des peuples civilisés, l'enseignement religieux est resté en honneur, et leur législation ne réunit point les caractères dont la combinaison rend notre loi scolaire si dangereuse et même tout à fait impie. Cela ressort d'une étude, publiée par M. Ch. Woeste, dans la *Revue générale* (janvier 1882.)

D'ailleurs, sur quoi se base-t-on pour enlever au père de famille le droit naturel qu'il a sur son enfant ? Uniquement sur les absurdes théories de Jean Jacques Rousseau, *ce véritable fou,* comme l'appelle M. Taine, qui « construit un couvent démocratique sur le modèle de Sparte et de Rome, dans lequel l'individu n'est rien et l'Etat est tout. » (L'*Ancien régime*, pag. 321.)

Oui, tel est bien le système de nos gouvernants : il faut que l'Etat ait tous les droits, et que les particuliers n'en aient aucun ; il faut surtout que les parents n'aient aucunement le droit d'élever leurs enfants comme ils l'entendent.

M. Compayré ne donne pas d'autre raison que Rousseau. « On doit, dit celui ci, d'autant moins abandonner aux lumières et aux préjugés des pères l'éducation des enfants, qu'elle importe à l'Etat plus qu'aux pères. » (Discours sur l'économie politique, pag. 302.) « Tous les enfants sont égaux par la Constitution ; ils doivent être élevés ensemble et de la même manière. La loi doit régler la matière, l'ordre et la forme de leurs études. » (*Emile*, liv. I.) M. Compayré dit aussi formellement que « la patrie, devant enlever un jour les enfants à leurs familles pour en faire des soldats, a pareillement le droit de prendre plusieurs années de leur jeunesse, pour assurer sa défense. Elle a le même droit d'imposer le devoir militaire. » (Pag. 86 87.)

Et c'est avec ces belles raisons qu'on veut faire de la France une nouvelle Sparte, dont tous les enfants seront de vrais enfants de troupe, enlevés à leur famille et élevés aux frais de l'Etat (c'est à dire aux frais de tous) et d'une façon uniforme !

Tous les esprits et tous les cœurs devront être fondus dans le même moule !

On a trouvé un projet analogue et tout spartiate, dans les papiers du fameux conventionnel Saint Just, et l'on connaît assez la maxime radicale de Danton, qui ne diffère guère d'ailleurs des idées de Rousseau : « Les enfants appartiennent à la République avant d'appartenir à leurs parents. »

Admirons ici une comparaison de notre auteur : « De même

3

que la société interdit aux charretiers de circuler la nuit sur les routes sans éclairer leurs lanternes, de même elle ne doit pas laisser circuler dans le monde des hommes grossiers qui ne savent ni lire ni écrire et qui, par suite, n'ont aucune idée claire de leurs devoirs et de leurs droits. • (Pag. 84.)

C'est bien cela, c'est en apprenant à lire et à écrire qu'on acquiert une idée claire de ses devoirs, et à plus forte raison en ayant recours à l'enseignement secondaire et supérieur ! C'est par là sans doute aussi qu'on apprend à mettre ces devoirs en pratique ! Il y a, toutefois, une difficulté que l'habileté de M. Compayré et consorts serait impuissante à résoudre, c'est que, d'après les statistiques officielles, il y a un plus grand nombre de criminels parmi les lettrés que parmi les illettrés... Le vrai moyen d'apprendre ses devoirs et la force de les observer se trouvent dans la science et la pratique de la religion et pas ailleurs.

Mgr Gay, évêque d'Anthédon et auxiliaire de Mgr Pie, a dit cette parole : • Vouloir faire de l'instruction sans Dieu, c'est vouloir faire de l'agriculture sans soleil, c'est vouloir faire de la navigation sans boussole. • Et M. Legouvé, de l'Académie française, qui n'est rien moins que clérical, n'a pas craint, à une distribution de prix du Lycée Monge, de prononcer ce mot remarquable, qui flétrit les écoles sans Dieu : • Pas d'éducation possible sans idées religieuses. Pour moi, je ne crains pas de le dire, si j'étais absolument forcé de choisir, pour un enfant, entre savoir prier et savoir lire, je dirais qu'il sache prier ! car prier c'est lire au plus beau de tous les livres, au front de Celui d'où émanent toute lumière, toute justice et toute bonté. •

En parlant du devoir ou du service militaire, M. Compayr nous raconte que les volontaires de la Révolution française ont fait des merveilles. • (Pag. 86.)

Il y a déjà longtemps que cette fable a été démentie ; mais on s'obstine toujours à la répéter, pour faire croire à la facilité et l'efficacité des levées en masse. Hélas ! elles n'ont produit, en 1870-71, que des hécatombes aussi sanglantes qu'inutiles !... En fait, pendant la Révolution, l'insubordination et la désertion en *masse* furent constamment à l'ordre du jour, dans les rangs de cette tourbe d'hommes qu'on appelait des *volontaires*, sans doute par antiphrase, et qui furent l'opprobre et la ruine de l'armée française, jusqu'au jour où le premier Empire vint épurer et reconstituer cette vaillante armée sur ses véritables bases. (Ch. Barthélemy.)

Citons encore ici la parole d'un homme qui n'est pas suspect et qui est bien plus compétent, en fait d'organisation
militaire, que tous les auteurs de *Manuels civiques* plus ou
moins irréligieux : « Une armée, dit il, est beaucoup plus puissante par sa force morale que par sa force numérique. De tous
les sentiments qui élèvent le cœur de l'homme, le plus puissant est incontestablement le sentiment religieux, où le sol-
dat puise l'espérance qui le soutient et le fortifie. » (Le général Berthaut. Princip. de stratégie.)

Mais pour le service scolaire, pour le service militaire, comme
aussi pour les divers services publics, il faut faire des dépenses : de là la nécessité des impôts pour les solder. M. Compayré nous engage « à payer de bon cœur et sans murmurer
les impôts qu'on exige de nous. »

Certes, ce n'est pas nous qui, en thèse générale, prêcherons
le refus de l'impôt; mais, si nous ne connaissions le parti
pris de l'école révolutionnaire, nous aurions lieu de nous
étonner que notre auteur enseigne à des enfants, « qu'il était
permis autrefois de protester contre l'impôt et même contre
les armées permanentes, tandis qu'aujourd'hui ce n'est plus
permis, *parceque la nation est souveraine.* » (Pag. 90.) Voilà
bien une raison qui est présomptoire !...

M. Paul Bert parle dans le même sens et peut-être même
d'une manière plus explicite : « En ces temps-là, dit il, on
pouvait raisonnablement refuser d'obéir à la loi sortie de la
cervelle d'un homme. On était même excusable souvent de
faire des émeutes et des révolutions, quand il n'y avait pas
d'autre moyen de forcer le roi à être raisonnable. » (Pag. 76.)

Voilà qui est franchement révolutionnaire, dit M. Bougeault.
L'insurrection est élevée à la hauteur d'une institution sociale ; elle est le plus saint des devoirs. Il faut avouer que c'est,
tout au moins, un singulier enseignement à donner aux jeunes
générations. (Réforme sociale. 15 juillet 1882.)

Et tous ces gens là ne s'aperçoivent pas qu'ils fournissent
ainsi des arguments et des armes aux réactionnaires.

Nous citerons, en terminant la critique de ce 2ᵐᵉ livre, les
paroles remarquables de Sismondi, qui montrent bien que le
passé et le présent d'un peuple ne peuvent se scinder, et que
l'un est solidaire de l'autre.

« On conserve, dit l'historien protestant, la moralité d'une
nation, en associant ses sentiments à tout ce qui a de la durée;
on la détruit en les concentrant dans le présent. Que vos

souvenirs vous soient chers, et vous soignerez aussi vos espérances ; si nous n'êtes que des passagers dans la patrie, vous n'êtes plus des citoyens. »

Livre III. — LA NATURE HUMAINE ET LA MORALE

1. — Dans le I⁰ʳ chapitre de ce livre III, M. Compayré donne d'abord la différence de l'homme et de l'animal, puis il parle de l'âme et du corps, des fonctions et des actes de l'un et de l'autre, puis il essaie d'expliquer la raison et la liberté, et il termine par quelques considérations sur la passion et l'habitude.

A propos de la raison et de la liberté, notre écrivain défend de punir un chien, *parce qu'il n'est ni raisonnable ni libre* (Pag. 100).

Sans être partisan des vivisections de M. Paul Bert, nous estimons qu'il y a là une exagération. Ceci soit dit en passant, pour faire remarquer que, sur ce point, les deux pontifes du nouveau culte, les deux principaux auteurs de catéchismes civiques, sont loin d'être d'accord : — M. Compayré ne veut pas même qu'on se mette en colère contre les animaux !... M. Paul Bert au contraire les traite avec une cruauté révoltante et qui est déjà devenue légendaire !

En ce qui concerne la *passion* et l'*habitude*, M. Compayré expose en quoi elles consistent, et il ajoute : « Voulez vous, mes enfants, apprendre à défendre votre raison et votre liberté contre la passion et l'habitude ? Ecoutez l'apologue suivant. » Et il raconte un apologue ou une comparaison que tout le monde connaît, — au sujet des arbres qu'il est plus facile d'arracher ou de redresser, quand ils sont jeunes ou plus petits, — pour prouver que la passion devient peu à peu une habitude, et que plus une habitude est invétérée, plus il est difficile de la corriger.

« Le meilleur moyen de combattre les passions, conclut-il, c'est de les empêcher de s'établir dans notre âme. »

Très bien ! mais si, par le fait, elles s'y établissent, quel moyen prendre pour les déloger ?

Notre auteur se contente de dire qu'il ne faut pas désespérer et que cela ne devient jamais impossible : mais il n'indique aucun moyen.

Il faudrait qu'il eût recours à la religion et à ses divines leçons, à ses promesses et à ses menaces, à ses sacrements et à ses secours de tout genre ; mais cela lui est interdit par l'impiété officielle et la franc maçonnerie, et alors il préfère être illogique, ne rien dire et ne pas répondre à la question qu'il s'est lui même proposée.

Toutefois, pardon, dans un endroit de son livre, M. Compayré indique un moyen de correction tout à fait réjouissant et de la plus haute fantaisie, que nous recommandons aux pères de famille.

« Un enfant, dit il, était turbulent, désobéissant, et ne pouvait rester en place. Le père imagina de lui faire un pantalon de cuir. Or, il arriva qu'un jour, se promenant sur les bords d'une rivière, au lieu de remplir une commission, l'enfant se jette à l'eau. Puis, étant mouillé jusqu'à la ceinture, il fut obligé de faire sécher son pantalon. Il le suspendit à un arbre et attendit. Mais quand il voulut le reprendre, le cuir s'était racourci en séchant, et il lui fut impossible d'y entrer. Force lui fut de rentrer en ville et de parcourir de longues rues sans pantalon. Vous jugez des plaisanteries que l'on fit sur lui et aussi de la colère des parents, mais la leçon le corrigea. » (Pag. 18, 19.)

Ce n'est pas plus malin que cela. Il y aurait une petite difficulté : c'est que de plus avisés, comme on en trouve tant aujourd'hui, se seraient jetés à l'eau sans pantalon. Evidemment alors, il n'y aurait pas eu de leçon et par suite point de correction... Quelle instruction !... quelle morale !...

II. — Parlant de la morale, M. Compayré donne d'abord cette définition : « La morale est le résumé de toutes les réflexions, de toutes les expériences que les hommes ont faites sur les meilleurs moyens de se servir de leur corps et cultiver leur âme. » (Pag 105).

Il a dû comprendre lui-même tout le vice d'une pareille définition, qui est comme imprégnée de rationalisme et même de matérialisme, puisqu'il a ajouté immédiatement la définition suivante : « La morale n'est pas autre chose que l'ensemble des lois que la *nature* a gravées dans notre âme, avant que les législateurs humains les inscrivissent dans leurs codes, et l'enseignement de la morale n'a pas d'autre but que de nous aider à lire ces caractères naturels. » C'est un peu mieux, mais c'est loin d'être parfait.

Plus loin, il ajoute : « La conscience morale est une autorité intérieure qui défend de faire le mal et qui, au besoin, supplée à l'absence des autorités extérieures. » (Pag. 107.)

Et encore : « Devenus des créatures libres et raisonnables, nous devons chercher et trouver en nous mêmes, dans notre propre conscience, les motifs de la distinction du bien et du mal. » (Pag. 108.)

En tout cela, pas un mot de Dieu, auteur de la nature et par conséquent de la loi morale ; pas un mot de la sanction divine, sans laquelle la conscience a bien peu d'autorité.

M. Compayré donne une définition fantaisiste de *l'agréable* et de *l'utile :* nous ne nous y arrêterons pas. Il ajoute : « Le *bien* est l'ensemble des actions conformes à la destinée humaine. La distinction du bien et du mal est une distinction naturelle, analogue à celle qui existe entre les choses agréables et désagréables, utiles et nuisibles. Les actions bonnes sont celles qui se conforment exactement aux différentes fins de l'homme ou à sa destinée ; les actions mauvaises, celles qui ne s'y conforment pas. » (Pag. 100.)

Mais quelles sont ces différentes fins de la vie humaine ?

D'après M. Compayré, « le but de la vie individuelle est de s'instruire. » (Pag. 108.) Il est vrai qu'il dit *en partie*, mais il n'en indique point d'autre...

Avouons que c'est une utopie ou théorie bien incomplète, et qui n'est guère propre à nous faire connaître nos véritables devoirs.

« La morale a pour tâche, dit encore M. Compayré, de nous faire connaître exactement les différentes fins auxquelles la nature nous destine. Toutes ces fins, considérées dans leur ensemble, constituent ce qu'on appelle la *destinée* de l'homme. » (Pag. 108.)

Nous voilà bien avancés ! Il se garde bien de nous dire quelles sont ces différentes fins, quelle est cette destinée humaine ! Oh ! ce serait beaucoup plus simple, beaucoup plus clair, beaucoup plus vrai surtout de répondre par la première leçon de notre catéchisme !

Voulant définir le bonheur, M. Compayré dit qu'il consiste « à réussir en toute chose et toujours selon sa volonté. » Piètre définition !

Il ajoute que « ce qui nous ordonne de surmonter notre désir, quand il est mauvais, c'est notre raison. » Triste guide, quand il est seul !

Il dit ensuite « que la pratique de la vertu est le meilleur moyen d'être heureux, même ici bas. » Il avoue, cependant, que « le bonheur échappe quelquefois à l'homme vertueux, et que, dans ce cas, il faut er appeler à l'espoir d'une autre vie et compter sur la justice de *Dieu.* » (Pag. 113.)

Très bien ! Voilà la meilleure pensée que nous ayons trouvée jusqu'ici dans le livre de M. Compayré. Telle qu'elle est, toutefois, elle est encore fort incomplète, puisqu'elle ne nous dit pas en quoi doit consister le bonheur de la vie future, pas plus qu'elle ne nous fait connaître le sort des méchants après la mort. Il affirme simplement que « le méchant n'est jamais heureux dans cette vie. » Assertion exagérée, du moins quant au bonheur extérieur et sensible, et dans son universalité ; mais surtout assertion fausse, entendue dans son sens naturel, à savoir que le méchant, étant toujours puni sur cette terre, ne saurait l'être plus tard, et que, par conséquent, la vie future n'existe pas pour lui, à moins d'admettre qu'il n'arrive aussi au bonheur de l'autre vie comme les bons.

Passant à l'exposition des devoirs, notre auteur dit que « le devoir en général est l'obligation d'obéir à la raison. »

M. Taine lui même trouverait cette définition plus qu'imparfaite, lui qui dit: « Autant la raison est boîteuse et insuffisante dans l'homme, autant elle est rare dans l'humanité. Non seulement la raison n'est pas naturelle à l'homme ni universelle dans l'humanité ; mais encore, dans la conduite de l'homme et de l'humanité, son influence est petite. » (L'ancien régime, pag. 13, 314.) Seulement M. Taine ne tire pas la conclusion, mais nous la tirons pour lui ; la raison, sans la religion, est impuissante pour nous faire connaître et surtout pratiquer nos devoirs.

M. Compayré recommande pour le corps, *l'hygiène* et la *gymnastique,* comme moyens de remplir le premier devoir de l'homme envers lui même, qui est de conserver sa vie, et « de devenir centenaire si on le peut. »

Au sujet de la *sobriété,* qui fait partie de l'hygiène, il attribue à Mirabeau le mot suivant : « Pour faire quelque chose ici-bas, et surtout le bien, la santé est le premier des outils. »

En vérité, cette maxime convient à Mirabeau, comme il convient à un ivrogne de prêcher la sobriété !.

Parlant de la *prudence,* M. Compayré revient à ses attaques contre l'ancien régime ; on ne voit pas trop pourquoi, mais c'est une véritable manie ! « Nous ne sommes plus au temps, dit il, où l'ignorance était permise, presque ordonnée, où l'on avait le tort de croire qu'elle est la condition de la vertu, où l'on savait trop bien qu'elle peut être un instrument de sujé-

tion et d'asservissement. L'instruction émancipe et affranchit .
(Pag. 120). Oui, tout à fait, surtout quand elle est séparée de
la religion ; alors on s'émancipe et on s'affranchit à tel point
que la société est obligée d'imposer des chaînes et de mettre
sous des verrous !

« Un second avantage de l'instruction, c'est qu'elle débar-
rasse des préjugés et des superstitions, ces deux fléaux de la
vie humaine. »

Ici, M. Compayré veut bien nous laisser dans le vague ; M.
Paul Bert serait plus franc et nous dirait carrément qu'il s'a-
git des *préjugés et des superstitions de l'Eglise catholique !*
« L'ignorant croit aux sorciers et aux charlatans. »

Permettez, il n'y a pas que les ignorants ; il y a aussi des sa-
vents, voire même des ministres qui croient aux sorciers :
témoin les fouilles de Saint Denys!

« En outre, l'instruction moralise, donne la justesse du juge
ment, etc. »

Pour que tout cela soit vrai, il faut ajouter à l'instruction
l'éducation religieuse.

Voulant donner les moyens de faire l'apprentissage de la
vertu, notre auteur dit : « Au premier rang de ces moyens, il
faut compter l'examen de conscience, c'est-à-dire le compte
journalier que nous nous rendons à nous mêmes de nos actions. »
(Pag. 126.)

Comment trouvez-vous ça ? Mais c'est trop beau, c'est mer
veilleux, et pour si peu que cela continue, M. Compayré de-
viendra ou passera comme tout à fait *clérical !*

Mais le naturel revient bientôt, et parlant des devoirs de
justice, notre auteur ne manque pas de dire que « le vol, l'as
sassinat, l'esclavage, *l'intolérance,* la *calomnie* sont les principales violations de la justice. »

Nous comprenons : évidemment, dans l'esprit de ces gens là,
ce sont les gens religieux, les *cléricaux* qui sont intolérants,
tandis que les néo républicains et les libres-penseurs sont d'une
tolérance rare : témoins, tous les procès suscités depuis quel
que temps aux prêtres catholiques !

Une bonne note pourtant à M. Compayré, pour avoir cité,
en parlant du plus haut degré de la charité, cette parole de
l'Evangile : « Aimez vos ennemis, faites du bien à ceux qui
vous haïssent et priez pour ceux qui vous persécutent et vous
calomnient. » Seulement, pour être complet, pour être franc
jusqu'au bout, il fallait ajouter que cette vertu de charité n'est

pas naturelle, que son nom même n'existait pas chez les païens et qu'il a fallu que Dieu lui-même descendît sur la terre pour nous l'enseigner par sa parole et par son exemple.

Arrivant enfin au dernier mot de la trilogie républicaine, M. Compayré prétend que « l'*égalité* est le principe de la justice, et la *fraternité* le principe de la charité. »

Il nous semble qu'il faudrait, au contraire, renverser les termes pour être dans le vrai ; mais passons.

« La France républicaine a placé dans sa devise le mot de *fraternité* : c'est dire que la fraternité doit inspirer les actes de tous les citoyens. » (Pag. 131.)

Sans doute, mais, comme on dit, il y a du tirage, et notre auteur avoue « que la *fraternité* est encore plus difficile à mettre en pratique que l'égalité. Mais, ajoute-t-il, quelles que soient les difficultés qui s'attachent au développement de la fraternité parmi les hommes, la fraternité n'en est pas moins nécessaire ; et la Révolution ne sera véritablement accomplie que le jour où la fraternité unira tous les citoyens par les liens de l'amour. »

> Coulez, coulez, heures trop lentes
> Qui retardez cet heureux jour !

Hélas ! il n'est pas près d'arriver et il n'arrivera même jamais, tant qu'on voudra se passer du secours indispensable de la religion.

Un saint religieux bien connu se demande ce qu'il faut penser de ces trois mots : *Liberté, Egalité, Fraternité.* Il répond qu'il faut s'informer si c'est Dieu, c'est-à-dire l'Eglise catholique, ou si c'est Satan, c'est-à-dire la franc-maçonnerie, qui les a écrits. Si c'est Dieu, rien n'est plus beau que ces trois mots. Voici leur sublime interprétation :

Avoir Dieu pour maître, voilà la *Liberté.*

Avoir Dieu pour juge, voilà l'*Egalité.*

Avoir Dieu pour père, voilà la *Fraternité.*

Si, au lieu de l'Eglise catholique, c'est Satan qui écrit ces trois mots, voici leur signification exacte :

Liberté veut dire licence pour soi et esclavage pour les autres.

Egalité veut dire prendre tout pour soi et ne rien laisser aux autres.

Fraternité veut dire proscription pour les honnêtes gens, et joyeux festins pour les scélérats. (*Traité pratique d'éduc. et d'instruct. relig.* par le R. P. Marie Antoine.)

Voilà bien le spectacle que nous donne périodiquement chaque triomphe de la Révolution.

C'est entendue dans ce dernier sens que la trilogie révolutionnaire a inspiré, il y a longtemps déjà, à M. Boucher de Perthes, l'appréciation suivante : « Il n'y a qu'une égalité possible : l'égalité devant Dieu. Sur la terre, l'égalité est un mot ; en politique c'est un drapeau ; en réalité, un mensonge. L'égalité et la fraternité ne sont pas plus dans l'esprit de vos lois et dans l'opinion publique que dans vos convictions privées ; elles n'y sont pas parcequ' elles ne sont pas dans la nature humaine ou qu'elles n'y sont que par exception. La preuve c'est que ce sentiment si doux, ce sentiment fondé sur l'égalité, sur la fraternité, *l'Amitié* est la plus rare des vertus terrestres. Quand, en manière de programme d'une ère nouvelle, on a réuni ces trois mots : Liberté, Egalité, Fraternité, leur influence a immanquablement équivalu en France, pour la prospérité qu'ils y répandaient, à l'action simultanée de la peste, de la guerre et de la famine. »

M. Compayré se dispense de parler en détail à ses disciples de toutes les obligations imposées à l'homme dans les diverses circonstances de la vie, « parce qu'ils trouveront, dit il, naturellement en eux mêmes les inspirations qui feront de chacun d'eux un bon mari, un bon père, un ami fidèle, un ouvrier laborieux. »

C'est toujours le même rationalisme outrecuidant, qui compte absolument sur lui même et qui n'a que faire de l'instruction et de l'éducation religieuses !...

Mais tout va bien qui finit bien, et nous n'osions espérer que M. Compayré terminât si bien cette troisième partie de son livre. Ecoutons :

« Enfin, mes enfants, par delà les personnes humaines, votre esprit et votre cœur chercheront la personne divine, créatrice de tout ce qui existe ; votre esprit en reconnaîtra l'existence ; votre cœur lui réservera la première place dans son amour. » (Pag. 133.)

Très bien ! On aurait pu désirer, on devrait même exiger que cette profession de foi fût à une autre place, et qu'elle fît sentir une salutaire influence au livre tout entier ; mais, enfin, il ne faut pas être trop difficile, et si nous n'avions eu que cette réflexion à faire, nous n'aurions pas entrepris la critique de l'ouvrage.

Dans une belle soirée d'été, l'instituteur, ou plutôt M. Compayré, démontre à ses disciples l'existence de Dieu par le spectacle du ciel étoilé ; puis il leur parle brièvement de la grandeur de Dieu, de sa bonté et de sa providence.

M. de Bellomayre remarque avec raison que le maître a trop longtemps différé de parler à ses jeunes élèves de l'existence de Dieu ; que sa démonstration est un peu singulière, ainsi que la recommandation qu'il ajoute : « S'il vous arrivait d'oublier que Dieu existe, venez, comme ce soir, regarder le ciel étoilé. »

Voilà donc tout ce qu'a pu trouver M. Compayré, pour prouver cette grande vérité ; si le ciel n'est pas étoilé, l'acte de foi est ajourné, Dieu prendra patience !

On peut et on doit remarquer aussi que, sur les devoirs envers la Divinité, notre auteur est plus que sobre encore. Lui qui énumère si complaisamment et si longuement les devoirs de l'homme envers lui-même et envers ses semblables ; lui qui veut bien parler plusieurs fois des devoirs de l'homme envers les animaux et citer la loi Grammont, — il daigne à peine accorder deux lignes aux grands devoirs que nous imposent la puissance et la bonté de Dieu.

Mais, encore une fois, ne nous montrons pas trop difficiles sur ce qu'il y a de meilleur dans le livre de M. Compayré ; et même consentons volontiers à admirer comment, à la fin de cette troisième partie, à l'occasion de la mort du père de Georges, l'un de ses élèves, s'appuyant sur la raison et sur la religion, établit de son mieux la consolante vérité de l'immortalité de l'âme. Puis, s'adressant à son cher disciple, il lui dit : « Ne seriez vous pas heureux que Dieu se chargeât à votre place de récompenser les vertus de votre père ? Ne croyez vous pas qu'il en est ainsi ? — Georges répond, les larmes aux yeux : « Je le désire, je l'espère et je le crois. » (Pag. 137.)

C'est justement là, dit M. Alfred Savouré, ce que, nous autres cléricaux, nous appelons des actes de foi, d'espérance et de charité.

Malheureusement nous sommes obligé de faire ou de répéter ici une remarque : ces pensées belles et touchantes seront-elles maintenues dans une nouvelle édition ? (1)

_____

(1) Nous croyons devoir appeler l'attention des instituteurs chrétiens et surtout des instituteurs congréganistes, sur certains ouvrages prétendus classiques, qui contiennent souvent des erreurs historiques et religieuses. On ne saurait user d'une trop grande vigilance sur ce point. Telle édition d'un livre était à peu près inoffensive, tandis qu'une édition postérieure est absolument con-

En principe, M. Compayré ne veut pas passer pour clérical ; il désire que, dans son livre, il n'y ait rien qui puisse déplaire aux franc-maçons qui nous gouvernent.

Les *Eléments d'éducation civique et morale (degré moyen et supérieur* furent imprimés en 1881, c'est-à dire avant le vote de la loi de malheur. Or, nous avons marché depuis. Rappelons-nous ce qui s'est passé au Sénat, lors du vote de cette triste loi. A M. Jules Simon, demandant qu'on ajoutât ce paragraphe : « Les maîtres enseigneront à leurs élèves » leurs devoirs envers Dieu et envers la patrie, » M. Jules Ferry répondit qu'il re poussait cet amendement, *parce que la mention de Dieu dans la loi était de nature à porter le trouble dans les esprits et à exciter l'opinion publique.* (Textuel.) Et à ces mots de M. Jules Simon, le Sénat et le gouvernement ont substitué ceux ci : « L'instruction morale et civique, » c'est à dire la morale sans Dieu et le civisme sans patrie ! (Allocution du général Leflô à Morlaix.)

Nous serions bien étonné si après le vote de cette loi, M. Gabriel Compayré ne retranchait de son livre ce que nous avons pu y louer. Et la preuve que nos craintes sont fondées, c'est que dans un ouvrage analogue, ou plutôt le même ouvrage imprimé postérieurement, *Eléments d'éducation civique et morale (degré élémentaire)*, on ne trouve plus l'affirmation de l'existence de Dieu et l'immortalité de l'âme. Le nom adorable de Dieu n'y est exprimé que deux fois : la première fois il paraît dans une histoire et est assez singulièrement placé dans la bouche d'un juge d'instruction; la seconde fois, il est accolé à une impiété, comme nous le verrons, d'ailleurs, dans la quatrième partie de cet ouvrage qu'il nous reste à examiner. En résumé, dans les *Eléments élémentaires* de M. Compayré, ce qu'il y a de bon ou de passable, dans son premier ouvrage, a été retranché, et l'on peut dire que les erreurs sont devenues plus nombreuses et plus énormes.

Livre IV. — LA SOCIÉTÉ POLITIQUE.

M. Compayré, voulant faire connaître la société politique, commence, comme de juste, par faire un grand éloge du droit

damnable. Les auteurs, qui tiennent avant tout à la vogue plus ou moins malsaine et au succès vénal, ne sont pas embarrassés pour produire ainsi dans leurs ouvrages de ces changements à vue, qui ne s'expliquent que trop par le temps qui court. On nous a signalé entre autres une *Histoire de France* qui est dans ce cas. Avis, encore une fois, aux précepteurs de la jeunesse.

d'électeur et du suffrage universel, en ayant soin, comme toujours, de jeter la pierre à l'ancien régime.

• Vous n'oublierez pas certainement, dit il à son élève, que vous allez être électeur dans quelques mois et que vous êtes déjà de cœur un vrai citoyen et un bon républicain. Autrefois, l'indifférence politique était permise à l'ouvrier. Que dis je ? Elle lui était imposée. Maniez vos rabots et vos truelles, mes braves gens, lui disait on, gagnez votre vie, si vous pouvez, mais gardez vous de vous mêler d'autre chose ! A d'autres, aux membres des classes privilégiées, le soin d'aimer la patrie, de connaître et de servir les intérêts généraux du pays ! Ces temps là sont passés. La Révolution française avait déjà fondé la liberté et l'égalité civiles. La République de 1848, en établissant le suffrage universel, en donnant à chacun le droit de voter et de participer par son vote à l'administration de sa commune, de son département, au gouvernement de son pays, la République a fondé la liberté et l'égalité politiques. • (Pag. 139.)

Voilà comment on écrit l'histoire. C'est toujours le même système de dénigrement quand il s'agit de l'ancienne France, et de louanges exagérées pour les institutions actuelles. Avant la Révolution, on n'élisait pas sans doute le suprême magistrat du royaume, le roi, puisque la royauté était héréditaire (ce qui n'était précisément pas si mal, comme nous aurons peut-être l'occasion de le montrer), bien qu'il y ait eu, d'ailleurs, pendant quelques temps, même en France, une royauté à peu près élective. Mais, à part le roi, n'élisait-on pas les députés aux États généraux, les députés aux Assemblées provinciales, par exemple, les députés aux États du Languedoc, aux Assiettes des divers diocèses, et puis les consuls de chaque communauté ?

Comme nous l'avons remarqué, quand, dans les derniers temps de la Monarchie, on mit quelquefois des obstacles aux élections ou à la liberté des élections, c'était un abus contraire à la Constitution du royaume. A la Monarchie, c'est à dire au gouvernement d'un seul, s'alliaient *une façon d'aristocratie et des linéaments de démocratie*, selon l'expression de l'Assemblée des notables tenue à Rouen en 1617.

Sans doute les conditions de ces diverses élections de l'ancien régime n'étaient pas les mêmes que celles d'aujourd'hui. Était ce un mal ? Du reste, M. Compayré avoue que la *perfection du genre* n'existe que depuis 1848. C'est qu'en effet aucune

des Assemblées de la première Révolution n'accorda l'universalité, ni surtout la liberté du suffrage.

Benjamin Constant, qui n'était pas suspect de royalisme,
tant s'en faut, disait du gouvernement de la Restauration :
« Reconnaissons qu'à aucune autre époque, sous aucun régime,
sous aucune forme de gouvernement, la France n'a été aussi
libre qu'aujourd'hui. » (Principes politiques.)

Hélas ! oui, il y eut peut-être trop de liberté pour le mal et
voilà pourquoi sans doute les Bourbons de la branche aînée re
prirent le chemin de l'exil !

Et depuis lors, depuis que cette machine à voter qu'on appelle le *suffrage universel* a paru et régné parmi nous, quels
progrès avons nous faits dans la liberté véritable ? Ce ne sont,
qu'on nous permette le terme, que des progrès à reculons ! A
tel point, que le grand et saint Pontife Pie IX s'est cru autorisé à appeler *mensonge universel* ce fameux suffrage, cette machine de guerre qu'on a tourné jusqu'à présent, grâce à la
mauvaise foi des uns et à la sottise des autres, contre la véritable religion et les véritables intérêts de la société.

M. Le Play, en 1864, croyait encore à la possibilité de pratiquer le suffrage universel, sans de graves inconvénients, quoiqu'il redoutât les exagérations et l'abus de ce droit.

A l'encontre de M. Compayré, l'illustre économiste affirme
que « sous l'ancien régime français, le droit de suffrage était
fort étendu et qu'il n'avait guère soulevé de critiques, parce
qu'il s'était lentement constitué sous l'empire de la coutume. »
(La Réf. soc., IV, p. 200.)

Quant à la manière dont on l'exerce actuellement, voici ce
qu'il dit, dans la dernière édition de son ouvrage : « Après les
désastres de la guerre de 1870, la révolte de Paris en 1871 et
les scandales électoraux de 1873, l'expérience que je croyais
pouvoir réclamer en 1864 me semble être accomplie : il faut
remédier sans retard à l'imprudente extension donnée par la
violence, en 1848, au droit de suffrage. » (La Réf. soc., IV,
p. 201.)

Écoutons encore M. Compayré : « Aujourd'hui, le plus humble des ouvriers, de tous ceux que le travail courbe vers la
terre ou sous leurs outils, a le droit de relever la tête, pour
regarder ce qui se passe autour de lui, pour s'enquérir des
actes de ses gouvernants, pour leur demander compte de leur
conduite, pour écouter de loin, *transmise par les journaux*,
la voix des hommes qui, dans les Assemblées politiques, ser-
vent ou trahissent la cause du peuple. » (Pag. 140.)

Et l'on ne voit pas qu'avec ce beau système, nous ne pouvons avoir que la Révolution en permanence et aboutir, en fin de compte, à un effondrement complet et universel !.... « Dans les nations démocratiques, dit M. Artaud, le peuple ne connaît ni peur, ni générosité, ni politique. Il y a plus, il ne tarde pas à voir avec envie les succès de ceux de sa propre caste qui ont commandé, et son éternel plaisir est de les briser, ou au moins de les avilir par des accusations déshonorantes. »

Ajoutez à cela la surexcitation que lui fournissent les journaux, intéressés à le tromper, soudoyés et rédigés par les ambitieux qui ne peuvent *pêcher qu'en eau trouble !* « Quel horrible despotisme que celui des folliculaires ! écrivait le maréchal Bugeaud, alors général, le 3 août 1833. Celui des barons et des rois fût il jamais à comparer ? Ont ils jamais eu cette horrible puissance de dénigrement et de calomnie continuelle ? La presse vous rend fou et féroce d'abord, pour vous rendre ensuite esclaves et misérables. » — « Lisez les journaux, s'écriait aussi M. Guizot, dans son discours du 11 août 1831, c'est le langage des plus mauvais temps de notre Révolution ; langage de gens prêts à répandre, au milieu de la société, dans les rues, sur les places, à y étaler (passez moi l'expression) toutes les ordures de leur âme. »

Hélas ! le dévergondage n'a pas diminué depuis lors, au contraire ; et jamais peut être l'impiété et la pornographie n'ont osé s'étaler avec plus de complaisance.

M. Compayré fait l'éloge du *Bulletin des Communes*, « *qui est le journal du pauvre, et qui, à défaut d'autre, peut renseigner utilement sur la marche générale des affaires du pays.* »

Pour être complet, on doit ajouter que ledit *Bulletin* ne contient que ce qu'il plaît et de la manière qu'il plaît au gouvernement de faire connaître ; que le gouvernement se garde bien de publier ce qui serait désavantageux et que, par conséquent, le *Bulletin des Communes* ne peut être que très partial et, dans telle ou telle circonstance, tout à fait inexact. On pourrait même citer des cas où il a été cyniquement scandaleux.

Ce sont les jours de fête et le dimanche que, d'après M. Compayré, on doit surtout lire le *Bulletin des Communes*, « car ce jour de repos que la nature réclame et où la religion enseigne qu'il faut particulièrement penser à Dieu (merci !) est aussi le jour où vous devez penser à la patrie. » (Pag. 140.) — Permettez, répond M. Alf. Savouré; jusqu'au moment où le dimanche sera supprimé et remplacé par le décadi.

« La commune ne date que de la Révolution française, » dit M. Compayré, qui est obligé de se donner immédiatement un démenti, en avouant qu'il y avait des communes autrefois. (Pag. 141.)

Oui, il y avait autrefois beaucoup de communes, et il est faux que nos pères n'aient pu obtenir les franchises communales, soit dans les villes, soit dans les campagnes. Le nom seul a un peu changé : ce qu'on appelle maintenant *commune* s'appelait autrefois *communauté*.

Ici nous voulons nous donner le plaisir de citer à M. Gabriel Compayré le témoignage de son propre père, M. Clément Compayré, en faveur des communes du moyen âge. « J'espère, écrit ce dernier, que ce que j'ai dit sur le dévouement des consuls aux intérêts publics, sur la ponctualité et la régularité que l'on remarque dans tous leurs actes, suffira pour exciter l'admiration des personnes qui voudront sacrifier plus d'un jour à fouiller dans leurs registres poudreux. Elles n'hésiteront pas à convenir, avec M. Augustin Thierry, que l'histoire municipale du moyen âge peut donner de grandes leçons au temps présent. » (*Études hist. sur l'Albigeois*, p. 32.)

Ajoutons que les délibérations des anciennes communautés étaient hautement libres et représentaient, exprimaient, beaucoup mieux les volontés de tous les habitants que les conseils municipaux d'aujourd'hui, surtout depuis qu'on a aboli la loi de 1837 qui, en décrétant l'intervention des plus imposés dans le vote des contributions extraordinaires et des emprunts, n'avait fait que suivre les traditions de notre ancien droit public.

C'était un beau spectacle que ces Assemblées des Habitants qui, à certains dimanches de l'année, se réunissaient, après la messe ou les vêpres, devant la porte de nos églises, à l'ombre du clocher. Groupés autour du juge local, des consuls, du syndic ou du patricien, ils écoutaient l'exposé de l'affaire sur laquelle ils devaient donner leur avis; puis ils discutaient, votaient à haute voix, soit pour la décision à prendre, soit pour l'élection des agents et des employés de la communauté. Après ces délibérations principales, ils dénonçaient les abus et signalaient les améliorations à faire. S'il s'agissait d'un *emprunt*, la présence des deux tiers des habitants était nécessaire pour que la délibération fût valable; tous devaient adhé-

rer à l'acte s'il était question d'aliéner des propriétés communes ou de s'assujétir à un *impôt nouveau*, parce que chacun,
comme particulier, était intéressé à la décision qu'on devait
prendre. (*Traité du gouvernement des biens et affaires des
Communatés d'Habitants.*)

« Des monographies, dont le nombre augmente chaque jour, »
dit M. Le Play, dont personne ne conteste la haute compétence, témoignent du succès avec lequel les bourgeois de plus
petites communes ont pu, jusqu'à la fin du xviie siècle, conserver les finances prospères, fortifier et défendre la cité, élever
d'admirables monuments, entretenir les églises, les hôpitaux
et les collèges. » (*La Réf. soc.*, iv, pag. 187.)

Nous aurions grand besoin aujourd'hui des précautions de
l'ancien régime, pour rétablir la prospérité des finances communales, puisque, d'après l'excellent *Manuel* de M. J. Pegat, les
centimes communaux et departementaux ont augmenté, depuis
1837, de 500 0/0.

M. Compayré ne veut pas, tant s'en faut, pour la commune,
une indépendance complète et absolue. Voici la raison qu'il en
donne : « L'émancipation absolue de la commune serait le commencement de l'anarchie, la fin de l'unité nationale. » (Pag.
142.)

Nous sommes, jusqu'à un certain point, de son avis. Pas plus
que lui nous ne voulons d'une émancipation *complète* (1), qui
n'a jamais, d'ailleurs, existé autrefois. Mais nous ne voulons pas
non plus d'une centralisation absolue et tyrannique.

---

(1) Nous admettons que l'indépendance des communes ne puisse
être *complète* en tout sens et sous tous les rapports; mais nous
croyons, comme M. Le Play, qu'elle pourrait et devrait l'être, dans
certaines conditions, dans les conditions d'autrefois, dans tout ce
qui regarde les intérêts purement communaux. « Partout, excepté
en France, dit M. Le Play, les paroisses et les communes forment
des démocraties indépendantes. Cette indépendance est absolue, en
ce qui touche la gestion des intérêts de chaque unité, même chez
les plus grandes nations; elle n'est jamais contestée aux autorités
locales qui, respectant le coutume, commandent sans abus aux subordonnés, et obéissent docilement aux pouvoirs de la Province ou
de l'Etat, pour tout ce qui importe au maintien de la paix. La démocratie communale a régné en France, comme chez les autres
nations : mais, depuis Louis XIV, elle a été successivement amoin-
drie par les empiétements de la royauté, puis détruite par les violences de la Révolution. » (iv, pag. 33.)
M. Le Play dit aussi avec raison que la centralisation exagérée
est de nature à affaiblir l'amour de la patrie. La désorganisation de
la commune affaiblit, dans la nation, l'amour de la chose publique.
En voyant l'agent de l'Etat régler malgré eux les petits intérêts de
chaque localité, les particuliers inclinent naturellement vers l'opinion qu'il ne leur appartient pas de se dévouer aux grands intérêts
de la patrie. » (iv, pag. 153.)

Que voyons-nous, en effet ? Bien loin de laisser aux communes les précieuses garanties dont elles jouissaient autrefois, nos gouvernants actuels enlèvent, peu à peu, toutes les franchises et libertés, même les plus nécessaires, surtout quand il s'agit de déchristianiser la France.

Naguère, à l'occasion d'un vote de la Chambre, qui subordonne absolument les communes à l'autocratie de l'Etat et à la tyrannie préfectorale, un néo jacobin, M. Clémenceau, a pu dire cyniquement, avec l'approbation de la majorité : « Nous ne pouvons reconnaître à des corps constitués, à des corps élus, quels qu'ils soient, un droit que nous refusons aux pères de famille. (Votre refus est parfaitement injuste des deux côtés, voilà tout !) Nous nions le prétendu droit municipal. (C'est très facile et absurde de nier, comme d'affirmer, sans prouver !) L'Etat est omnipotent, et la liberté communale (comme toutes les autres sans doute) doit disparaître devant cette omnipotence. »

Voilà ! nous sommes avertis, nous savons maintenant à quoi nous en tenir. Quand les révolutionnaires attaqueront désormais devant nous l'ancien régime, l'accuseront de despotisme, et feront l'éloge du nouveau et de toutes ses prétendues libertés, nous leur répondrons simplement : Citoyens, vous êtes des farceurs !

Ecoutons encore M. le professeur-député : « Livrées à elles-mêmes, les communes feraient certainement des sottises. » — Hélas ! il n'y a pas que les communes ! — « Les unes ne voudraient pas d'école. » — Ah ! par exemple, ceci serait l'abomination de la désolation ! — « D'autres ne voudraient plus d'églises. » — Cela viendra et ce ne sont pas nos gouvernants actuels ou d'autres de même genre qui y mettront grand obstacle, n'est ce pas ?

« Le conseil municipal, dit encore M. Compayré, est appelé à donner des avis et à émettre des vœux sur toutes les affaires d'intérêt local. Par exemple, quand on a remplacé par une institutrice laïque la religieuse qui dirigeait votre école de filles, le gouvernement ne s'y est décidé que parce que le conseil municipal en avait à plusieurs reprises exprimé le vœu à une grande majorité. » (Pag. 146.)

L'assertion de notre auteur est toute hypothétique, et nous connaissons bien des cas où les vœux des conseils municipaux n'étaient exprimés, ni à une grande majorité, ni à plusieurs reprises...

Si les conseils municipaux ont une telle puissance pour obtenir des instituteurs laïques, M. Compayré, qui est dans le secret des dieux, pourrait-il nous expliquer pourquoi ils ne jouissent plus de la même influence, dès qu'ils demandent des instituteurs congréganistes ?

Voici, par exemple, un article où M. Compayré s'est surpassé ! Nous devons citer le passage en entier, sans en retrancher une syllabe. Il s'agit des attributions du maire.

« Le maire célèbre les mariages. C'est devant lui que s'engagent solennellement à s'aimer, à se protéger l'un l'autre, à élever en commun leurs enfants, l'homme et la femme qui veulent fonder à eux deux une nouvelle famille. Quand le maire les a déclarés unis au nom de la société et de la loi, les deux conjoints sont bel et bien mariés. Si la cérémonie religieuse suit la cérémonie civile, ce n'est pas pour donner plus de force à un acte qui est définitif, qui se suffit à lui même, c'est parce que les époux, pour satisfaire leurs sentiments religieux, veulent prendre Dieu à témoin d'un engagement que la société civile a déjà consacré (1). » Voilà !...

Et vous, monsieur le professeur-lauréat chevalier député, vous êtes, permettez-nous de vous le dire, en employant votre élégante expression, vous êtes bel et bien un hérétique, et même plus qu'hérétique, car, parmi tous les peuples, même parmi les païens et les infidèles, on n'a jamais regardé le mariage comme un contrat purement civil, et depuis l'origine du monde, même avant le christianisme, le contrat matrimonial a toujours été un acte essentiellement religieux et une espèce de sacrement.

Contentons nous de citer ici les paroles suivantes du pape

(1) M. Compayré répète la même erreur dans l'édition de son ouvrage pour le *degré élémentaire*, mais il y ajoute un ton de persiflage et de sarcasme qui la rend encore plus révoltante, surtout quand on pense qu'il s'adresse à de petits enfants de sept ans! D'abord, il y a ici une mise en scène qui n'existait pas dans l'autre édition. On y voit que notre auteur a soigné d'une manière toute spéciale les cérémonies de ce *nouveau sacrement civil*. Rien n'y manque, pas même la gravure qui la reproduit dans toute sa majesté ! Mais voici la fin ou les résultats, d'après M. Compayré : « Georges, en sortant, embrassa bien fort sa sœur et lui dit à demi-voix : — « Est-ce que nous n'allons pas aussi à l'église ? — Mon petit beau-frère, répartit le mari qui avait entendu la question de Georges, nous irons à l'église pour demander à Dieu de bénir notre union. Mais, dès à présent, nous sommes bel et bien mariés. M. le curé ne voudrait pas nous recevoir à l'église, que cela ne nous empêcherait pas d'être unis pour la vie. N'est-ce pas, madame, dit-il en appuyant sur le mot ? » Et la jeune femme en souriant fit signe qu'elle n'avait aucune envie de se dédire. » (Pag. 83, 84.) Oh ! qu'en termes galants ces choses-là sont dites !

Pie VIII, dans son encyclique du 24 mai 1820 : « Le mariage, dit-il, doit être placé, non parmi les choses terrestres, mais parmi les choses sacrées ; donc il est entièrement soumis, et comme sacrement et comme contrat, à la juridiction de l'Egli-se : *Non terrenis sed sacris rebus matrimonium accensen-dum est, ideoque Ecclesiæ subjicitur.*

Ajoutons, comme conséquence de l'enseignement de l'Eglise, que le mariage civil, entendu comme l'entendent les libres penseurs, est la légalisation du concubinage et rien de plus (1).

Toujours avec le parti pris de blâmer ce qui existait autre-fois et de louer immodérément ce qui existe aujourd'hui, notre auteur s'extasie sur l'origine et les avantages des départements qui ont remplacé les anciennes provinces. « Les anciennes pro-vinces étaient trop vastes, » dit-il.

Et il ne remarque pas que les anciennes provinces étaient divisées en diocèses, qui avaient leurs Etats particuliers. C'est ainsi que ce qui est aujourd'hui le département du Tarn était autrefois le pays d'Albigeois, c'est à dire le diocèse d'Albi.

Vous dites que les provinces étaient trop grandes ? C'est comme si l'on disait que le ressort des cours d'appel est trop étendu.

« La suppression des grandes provinces d'autrefois, ajoute notre auteur, a dû consolider l'unité nationale et faire dispa-raître les rivalités, les préjugés locaux. » (Pag. 150.)

Il s'en faut bien que son influence ait été aussi grande, comme il est facile de le constater. D'ailleurs, l'unité nationale ne doit pas empêcher la décentralisation, que tous les bons esprits désirent aujourd'hui, et qui était très favorisée par la constitution des anciennes provinces.

Un grand nombre d'écrivains, et à leur tête M. Le Play, vou-draient, en effet, aujourd'hui, sinon le rétablissement intégral des anciennes provinces, du moins quelque chose d'analogue.

---

(1) Voici comment M. Le Play apprécie la législation française au sujet du mariage, législation essentiellement révolutionnaire et contre laquelle l'Eglise a toujours protesté. « Le Consulat a réta-bli, il est vrai, le culte que la Terreur avait aboli ; mais, comme tous les gouvernements postérieurs, il a laissé subsister dans cha-que paroisse l'institution la plus antireligieuse qu'ait inventé l'es-prit révolutionnaire. Cette invention attribue à un magistrat civil la célébration du mariage ; elle interdit au prêtre cette solennité qui, chez tous les peuples civilisés, élève le plus son caractère dans l'opinion des familles ; elle lui laisse seulement la faculté de confirmer par la religion ce que celle-ci, selon la coutume univer-selle du genre humain (et surtout selon la loi divine), peut seule instituer. » (La Réfor. soc., t. IV, p. 212.)

« La vie provinciale, dit M. Le Play, créée par l'alliance spontanée des communes, reste indispensable aux grandes nations. »
(IV, pag. 238.) Il dit encore : « Nos assemblées révolutionnaires, dont nous conservons plus qu'on ne croit les erreurs et
les passions, se sont abusées en pensant que, pour développer
le patriotisme, il faut détruire les affections et les intérêts qui
naissent hors de la sphère du pouvoir central. En brisant systématiquement les liens qui unissent le citoyen à la famille,
aux associations locales ou à la province, et en méconnaissant
les enseignements de l'expérience et de la raison, elles ont
provoqué l'insuccès qui a été le résultat final de leurs entre-
prises (1). »

Il est vrai que nos gouvernants actuels croient être plus
heureux, en faisant de la centralisation à outrance et en
confisquant toutes les libertés, surtout la liberté religieuse;
mais nous savons que Dieu n'a pas donné sa démission, et que

Le bonheur des méchants comme un torrent s'écoule !

M. Compayré fait l'éloge du *jury*, tel qu'il existe depuis
1791.

Nous ne disconvenons pas que le jury n'ait des avantages, de
grands avantages même, si l'on veut; mais il nous semble que,
pour qu'il réalise ces avantages, il est nécessaire que ses membres soient choisis dans certaines conditions d'instruction,
d'éducation surtout et d'honnêteté, dont on ne tient pas peut-
être toujours assez de compte.

Nous ne croyons pas que, malgré l'affirmation de M. Compayré, « ce soit une sauvegarde suffisante pour les accusés,

_____

(1) Voici comment M. Le Play juge, avec sa haute compétence,
la destruction des anciennes provinces : « Exagérant les erreurs
de la monarchie en décadence, les novateurs de 1789 se donnèrent
la mission de ruiner la vie provinciale. Ils assumèrent sur eux la
responsabilité d'un acte de barbarie sans exemple. Dans leur rage
aveugle contre la tradition nationale, ils ne se bornèrent pas à
détruire les hommes et les choses qui constituaient les provinces :
ils voulurent anéantir jusqu'à leurs noms et à leurs dernières traces
d'existence matérielle. Les étrangers, qui voyaient dans les institutions provinciales les fondements de la vie morale, qualifièrent
avec des sentiments de mépris ces attentats contre les libertés d'une
race d'hommes. » Il cite en note ces paroles d'Edmond Burke, en
1790 : « Ces prétendus citoyens traitent la France comme un pays
conquis. Ils ont imité la politique des vainqueurs les plus farou-
ches. Ils ont rendu la France libre, à la manière dont les Romains
rendirent libres la Grèce, la Macédoine et tant d'autres pays. On
s'est vanté d'avoir adopté une disposition géométrique au moyen de
laquelle toutes les idées locales seraient éteintes. Ce qui arrivera
vraisemblablement, c'est qu'au lieu de faire tous *Français*, les habi-
de tants ce pays ne tarderont pas à n'avoir plus de patrie. » *(Réflexions sur la Révolution de France.)*

d'être jugés par des hommes pris dans tous les rangs de la société, qui arrivent de tous les côtés du département, sans parti pris, *étrangers aux finesses juridiques*, mais décidés à n'écouter que leur conscience et leur raison. » (Pag. 151.)

Ces motifs de confiance sont fort sujets à caution, et, avec la suppression plus ou moins prochaine du serment judiciaire, nous doutons que l'institution du jury soit désormais une sauvegarde, nous doutons que les erreurs judiciaires doivent être désormais fort rares, malgré l'assurance optimiste de notre auteur, surtout si, à la suppression de serment, venaient s'ajouter les excitations de la politique.

M. Compayré est partisan de l'abolition de la peine de mort. Il ne croit pas que le dernier supplice soit nécessaire pour intimider les assassins. « Il est permis de penser, dit il, que la peine de mort n'est qu'une barbarie inutile, que pour effrayer les criminels, la prison et les travaux forcés suffiraient largement. » (Pag. 155.)

Peut-être que la recrudescence des crimes et des attentats de toute espèce dont nous sommes les témoins, opérera quelque changement dans les tendances et les sentiments humanitaires de M. le professeur-député. En attendant, il nous semble que sa compassion serait mieux placée en faveur des victimes que des assassins !...

Remarquons, en passant, que M. Compayré blâme l'institution des *volontaires d'un an*. En cela, il se conforme à certaine opinion qui lui paraît plus puissante aujourd'hui, et il emboîte le pas à la suite de certaine coterie qui est pour lui la *Loi et les Prophètes*. Nous n'avons pas à nous en occuper.

Voulant donner quelques notions sur les autorités départementales, notre auteur enseigne « que dans certains chefs lieux, il n'y a pas de cour d'appel, mais un tribunal de première instance. A Toulouse, vous avez un archevêque, ailleurs vous trouverez des évêques, ailleurs encore il n'y a pas même d'évêques. » (Pag. 161.)

Comme tout cela est instructif et bien expliqué ! Avouons que les élèves seront bien avancés après des détails si intéressants !

Enfin, nous arrivons à cette fameuse divinité qui reçoit constamment les adorations de M. Compayré et de ses pareils : il s'agit de l'*Etat*, de la *République* et de tout ce qui s'y rapporte. On comprend qu'ici les éloges dépassent toute mesure et que les critiques dédaigneuses de la monarchie soient aussi portées au plus haut degré d'acrimonie et d'injustice.

Ecoutons un instant le dithyrambe et la satire de M. le professeur-député :

« Les Français commencent à comprendre les bienfaits de la République. Ils savent qu'elle est la meilleure forme de gouvernement, que les monarchies impériales et royales ont fini leur temps en France. Aussi sont-ils de plus en plus dévoués à la République. Et comment ne le seraient-ils pas ? Est-ce qu'on peut hésiter un instant entre la République qui est le gouvernement de tous par tous, et la monarchie, sous quelle forme qu'elle se présente, la monarchie, qui est le gouvernement d'un seul ? Un roi ou un empereur, quelque sage qu'on le suppose, quelques qualités qu'on lui attribue (et il y en a ou qui n'ont eu que des défauts), c'est toujours un maître, plus disposé à écouter ses propres intérêts, à complaire aux courtisans qui l'entourent, qu'à consulter l'intérêt général et à suivre la volonté du peuple. »

D'après M. Compayré, il n'y aurait plus aujourd'hui de *courtisans*, parce qu'il n'y a plus *un roi*.

Nous pouvons répondre avec M. Alf. Savouré : « On n'a jamais été plus courtisan que vous, oui, vous tous sénateurs, députés, qui, du matin au soir, brûlez un encens empesté dans la figure de vos électeurs, dont vous riez par derrière et aux frais desquels vous voyagez gratis. »

Répondons plus sérieusement par ce qu'écrivait, en 1833, le maréchal Bugeaud au préfet de la Dordogne ; ces paroles s'appliquent avec beaucoup plus de raison au temps présent :

« L'intrigue et l'ambition, en quittant les Tuileries et Versailles, se sont subdivisées à l'infini et ont envahi la ville et la province. L'amour des places, l'égoïsme dirigent presque toutes les actions ; ils président à l'élection d'un député, forment l'opposition et grossissent la majorité. C'était bien la peine de déclamer quarante ans contre la corruption des cours, pour arriver à la dilater dans tout le corps social ! »

Et M. Vacherot, un républicain celui-là pourtant, parlant de la présente République qui, d'après lui, n'est que « l'*oppression des consciences avec la satisfaction des appétits*, » dit qu'elle ne pense qu'à *laïciser*. « Laïciser, quel mot barbare et quelle chose odieuse ! quelle triste politique, où la grammaire n'est pas moins violée que la justice ! Laïciser sans trêve ni relâche, sans respect pour le droit des familles, sans pitié pour les pauvres enfants, sans égards pour ces nobles filles qui se dévouent à leur tâche ! » Et après avoir stigmatisé cette *politique qui ne* sait agir que contre les maisons de prière et de charité, il s'écrie : « Cela valait bien la peine de faire des révolutions ! »

M. Compayré prétend que la République est le gouvernement *de tous par tous*, et que, par suite, elle vaut mieux que la monarchie, qui est le gouvernement d'un seul.

Voici, d'abord, ce qu'on peut répondre, avec M. Boucher de Perthes : « Si l'on veut aller au fond des choses, il faut bien reconnaître qu'il n'y a pas encore eu sur la terre de vraie république ou de gouvernement collectif, et qu'il est à croire qu'il n'y en aura jamais, par cette raison bien simple, que là où tout le monde commanderait, il n'y aurait plus personne pour obéir, et que là où il n'y a pas à obéir, il n'y a pas à commander. »

Quant à la haute préférence que manifeste M. Compayré pour le gouvernement de plusieurs, c'est à dire par une assemblée souveraine, voici ce que répond un autre auteur judicieux, Alexandre Weil :

« Est-ce qu'une assemblée souveraine n'est pas cent fois plus dangereuse, plus despotique, qu'un pouvoir héréditaire ? Faut-il citer la *Convention*, ou bien les assemblées souveraines de l'antiquité ? Point n'est besoin. »

Hélas ! oui, pourrions-nous ajouter, nous n'avons pas besoin de remonter si haut, pour trouver, en France, la tyrannie et le despotisme des assemblées ! Une triste expérience nous prouve que les plus grands excès et les plus grands crimes ne s'accommodent que trop de l'absolutisme des assemblées.

Nous n'avons pas ici à défendre l'Empire qui, d'après M. Compayré, « nous a coûté des milliards de francs et la perte de plusieurs provinces. »

Mais il ne faut rien exagérer, il faut que chacun porte la responsabilité de ses actes, *cuique suum* ; et si nous avons eu tant de milliards à payer, si nous avons perdu plusieurs provinces, qui ne sait que nous le devons aussi et surtout à la guerre à outrance et au déplorable gouvernement dit de la Défense nationale ?

Et vous osez affirmer que, « sous la République, rien de pareil n'est à craindre ; que la guerre ne peut être déclarée, quand elle n'est pas nécessaire et conforme à l'intérêt de tous ? » (Pag. 163.)

Il faut que vous connaissiez fort peu le servilisme de certaines Assemblées, qui se vendent au premier dictateur d'aventure.

Nous ne devons pas oublier ce qui arriva au commencement

de ce siècle. Sur 361 membres de la Convention qui avaient voté la mort du roi sans restriction, 121 au moins devinrent les courtisans de Bonaparte.

La République a un autre avantage : « elle supprime toutes les dépenses inutiles. »

Vraiment ! Et voilà sans doute pourquoi, les impôts augmentant toujours, nous touchons à un budget do quatre milliards !

M. Compayré, il est vrai, veut bien nous promettre que « peu à peu la République adoucira la charge des contribuables. »

Il est plus facile de faire cette promesse que de la garantir.

M. Compayré tient à nous faire remarquer que le traitement du président de la République est moindre de beaucoup que la liste civile d'un roi ou d'un empereur.

Mais, dans un régime quelconque, il n'y a pas qu'un détail à considérer, il faut tout prendre et voir si, en somme, ce régime est plus économique que tel ou tel autre ; or, il nous paraît difficile qu'on puisse revenir de longtemps au budget de la Restauration, qui n'atteignait pas un milliard.

D'après le *Citoyen*, journal on ne peut plus républicain, « le traitement des fonctionnaires de la République absorbe 332 millions, soit 92 millions de plus que sous l'Empire. »

Certes, nous n'avons pas ici l'intention de combattre *a priori* le régime ou gouvernement républicain : nous savons que l'Eglise catholique n'est l'ennemie d'aucun gouvernement bien ordonné, comme pourrait être la République. Mais nous croyons qu'on n'est pas obligé d'admettre les affirmations évidemment fort exagérées, pour ne rien dire de plus, de M. Compayré. Nous n'avons pas à aborder d'autres considérations purement politiques de l'auteur.

Dans un dernier chapitre, M. le professeur député traite quelques questions d'économie sociale.

Il conduit son élève dans un congrès ouvrier, ce qui n'est pas absolument classique ; mais il a soin de faire observer, qu'il ne faut pas penser à une révolution sociale :

« Il ne peut plus être question de révolution, dit il, depuis que les citoyens jouissent du droit de suffrage. Une révolution n'est légitime que si elle a pour but de sauvegarder la liberté ou l'intérêt du plus grand nombre ; mais aujourd'hui c'est le plus grand nombre qui est le maître, c'est la majorité qui gouverne. » (Pag. 175.)

M. Compayré est du nombre des satisfaits, et il tient à ce que rien ne vienne troubler sa quiétude. En réalité, c'est presque toujours une minorité turbulente qui a fait les révolutions, c'est toujours Paris qui a imposé ses volontés à toute la France, et maintenant c'est aussi une minorité sectaire qui nous gouverne, qui fausse, autant qu'elle peut, le suffrage universel, et l'empêche d'avoir les conditions exigées par M. Compayré lui même, c'est à dire d'être libre et éclairé.

D'après notre auteur, le paupérisme est bien loin d'être aussi répandu qu'autrefois.

Et nous disons, nous, que c'est une exagération; et, nous appuyant sur le témoignage de M. Taine, qui ne saurait être suspect. nous affirmons, que les pauvres étaient beaucoup mieux secourus autrefois que de nos jours, surtout avec cette laïcisation à outrance qu'on est en train d'imposer aujourd'hui à l'*assistance publique*.

Après avoir expliqué les diverses formes de l'impôt, M. Compayré, qui se garde bien de parler de l'augmentation des impôts de toute nature, nous dit :

« Ce n'est pas une volonté arbitraire, ce sont nos représentants, les représentants du peuple, qui, chaque année, après de longues discussions, fixent le budget des recettes, c'est-à-dire, la nature et la quantité des impôts. Nos députés ne nous demandent évidemment que ce qui est nécessaire pour assurer les services généraux du pays. » (Pag. 183.)

M. Compayré plaide ici *pro domo suâ* ; il prêche, comme on dit, pour sa paroisse. Quant à nous, qui lisons les journaux et qui suivons les discussions et délibérations de nos représentants, nous savons parfaitement, hélas ! comment ils comprennent souvent les services généraux du pays et leurs intérêts particuliers. Nous savons aussi, et nous ne le savons que trop, parce que nous sommes les victimes, qu'en ce temps de République ou de gouvernement prétendu à bon marché, les Français payent six fois plus d'impôts que sous Louis XVI, quatre fois plus que sous Napoléon 1er, trois fois plus que sous la Restauration, deux fois plus que sous Louis-Philippe et une fois plus que sous Napoléon III.

CONCLUSION

M. Compayré, dans la conclusion de son ouvrage, prétend que « nous vivons sous un régime de liberté, où il est permis de dire tout ce que l'on pense. » (Pag. 184).

Nous ne voulons pas examiner ici la possibilité, la justice et la moralité de cette théorie ; mais nous disons *qu'en fait* la liberté de tout dire n'existe pas, du moins pour certaines choses et pour certaines personnes.

Nous savons bien que toute licence est trop souvent accordée aujourd'hui à la parole et à la plume, pour attaquer la religion et les mœurs ; mais, si pour remplir un devoir, les ministres de l'Eglise ont le courage de condamner avec elle certains ouvrages, comme, par exemple, le *Manuel* de M. Compayré, voilà un *tolle* général qui s'élève dans le clan de ces prétendus libéraux ; voilà qu'ils cherchent dans l'arsenal des vieilles lois révolutionnaires quelques dispositions tyranniques, et qu'au besoin ils en votent de nouvelles, pour lier les mains et la parole aux prêtres de Jésus Christ, et pour les punir d'avoir prêché l'Evangile, quand Dieu lui même leur a ordonné d'enseigner toutes les nations !

Hier encore, on privait injustement de leur traitement ces confesseurs de la foi ; demain peut-être.... Qui pourrait dire ce que sera demain ?

Et vous dites que nous vivons dans un temps de liberté ! et qu'il est permis de tout dire ! Allons donc !

La sincérité républicaine marche de pair avec votre prétendue liberté !

Vous avez promis la neutralité de l'école. Cette neutralité est un leurre et un mensonge. Ecoutons un journal, qui n'est certes pas suspect, c'est le *XIXe Siècle* :

« Il faut tenir strictement la main, dit-il, à la neutralité de l'enseignement primaire. Pourquoi ? Parce que là *on agit sur la foi même.* Ce n'est pas qu'on la combatte directement, puisque l'essence de la neutralité est au contraire de s'abstenir de toute attaque. Mais *on habitue les esprits à s'en passer. On les dresse à comprendre que l'on peut être un honnête homme et un bon citoyen en dehors de tout enseignement de religion révélée.* ON LES DÉTACHE PAR LA, DOUCEMENT, LENTEMENT, *de la foi.* C'est l'essentiel. »

C'est ainsi que parle un « journal républicain » qui se dit « conservateur ; » c'est ainsi qu'on entend la neutralité de l'école et ses résultats, dans leur forme la moins odieuse. Que sera ce donc, quand on aura ajouté à cette prétendue neutralité l'instruction ou l'enseignement civique, à la manière des Compayré et des Paul Bert ?

L'enseignement civique ! Oh, nous savons maintenant ce

que cela veut dire, nous savons où l'on veut arriver : à la dé
christianisation de notre patrie, de notre chère France, au
moyen de l'éducation sans Dieu !

Non, ce n'est pas pour assurer la défense du pays qu'on l'ac-
cable d'impôts toujours croissants ; ce n'est pas même pour
répandre l'instruction, comme on l'a prétendu, qu'on épuise
nos finances ; c'est purement et simplement pour détruire le
catholicisme, comme l'a hautement avoué naguère M. Clovis
Hugues, aux applaudissements de ses collègues de la majorité :
« Au dix neuvième siècle, a t il dit, le véritable prêtre, c'est
l'instituteur ; et le véritable évêque, c'est le ministre de l'instruction publique. »

Nous voilà bien avertis, et nous serions bien coupables si
nous nous laissions aveugler désormais.

Après tout ce que nous avons dit, nos lecteurs doivent avoir
maintenant une idée assez juste de la façon dont M. Compayré comprend et développe l'instruction civique. Ils peuvent juger du but qu'il poursuit et des moyens qu'il emploie.

N'avons-nous pas raison de conclure que son livre est une
arme des plus dangereuses ? N'est il pas, en effet, une attaque
tantôt plus ou moins déguisée et tantôt ouverte contre les vérités religieuses et contre l'Eglise elle-même ?

Et que dire d'un homme qui a pu écrire un pareil ouvrage ?
N'est il pas évidemment au point de vue religieux, un *sectaire* ;
au point de vue moral, un *naturaliste* ; au point de vue his-
torique, un *détracteur* du passé ; au point de vue civique, un
franc-maçon ; au point de vue politique, un *révolutionnaire* des
plus dangereux ?

Et que peuvent nous faire maintenant toutes les recommandations et tous les éloges intéressés des libres penseurs ?

On a eu l'incroyable audace de nous citer, à nous catholiques, comme un témoignage irrécusable en faveur de ce livre,
le jugement élogieux de M. de Pressensé ?

Mais qui est-ce donc que M. de Pressensé ! Un ministre protestant. Que nous importe, à nous catholiques, le jugement
d'un disciple de Calvin ?

Oh ! qu'ils sont à plaindre ceux qui travaillent ainsi à étouf-
fer la religion dans le cœur de l'enfance. Si par nos larmes,
nous pouvions les détourner de leur funeste entreprise, nous
irions les supplier à genoux de ne pas compromettre ainsi l'a-
venir religieux de la France. En tout cas, nous leur rappelle-
rons ces paroles du divin Maître :

« MALHEUR A CELUI QUI SCANDALISE UN DE CES PETITS ENFANTS QUI CROIENT EN MOI ; IL VAUDRAIT MIEUX POUR LUI QUE L'ON SUSPENDIT UNE MEULE DE MOULIN A SON COU ET QU'ON LE PRÉCI- PITAT AU FOND DE LA MER. » (S. Math. 18.)

Et vous, pères chrétiens, mères chrétiennes, dirons-nous, en terminant, avec un auteur déjà cité, si vous comprenez vrai- ment l'étendue de vos devoirs, si vos fils et vos filles sont comme vous le dites, ce que vous avez de plus cher au monde, si vous aimez votre pays, si vous avez gardé une étincelle de foi, pourra-t on vous tromper désormais par des mensonges hypocrites ? Vous contenterez vous de courber la tête, encore une fois, en balbutiant quelques mots de protestation, et lais- serez-vous ainsi enlever à Dieu l'âme de vos enfants ?

Ah ! plutôt rappelez vous les éloquentes paroles du cardinal Pie, le grand évêque de Poitiers, paroles qui n'ont pas été écri- tes pour la circonstance présente, mais qui sont d'une frappan- te opportunité :

« Ni le souverain domaine de Dieu sur les créatures, ni la doctrine de son Fils incarné, ni l'état d'affaiblissement de notre nature actuelle ne permettent à qui que ce soit de se tenir im- punément en dehors de l'ordre surnaturel et révélé, et *tout manuel du devoir, tout code de morale qui prétendent condui- re les hommes à une fin heureuse sans tenir compte de Jésus- Christ* DOIVENT ÊTRE REJETÉS. » (Œuv., tome II, p. 400.)

Une morale qui ignore Jésus-Christ est une morale qui ignore l'élévation primitive de l'homme à une destinée surna- turelle ; sa chute et, par suite, le vice de notre origine ; la né- cessité d'une réparation et d'une réhabilitation ; l'incarnation du Fils de Dieu et la rédemption par sa mort ; l'existence d'un ensemble de moyens divinement institués pour communiquer aux âmes les fruits des mérites du sang de Jésus Christ ; l'exis tence d'une société dépositaire, gardienne et interprète des volontés de Dieu ; la nécessité d'appartenir à cette société pour se sauver : en un mot, c'est une morale non seulement incom- plète, mais une morale perfide, qui trompe les âmes et qui les conduit à leur perte. Car, il ne faut pas l'oublier, l'honnête homme selon le monde, qui se tient à l'écart des enseigne- ments et des pratiques de la religion révélée, ne saurait, non seulement parvenir au bonheur du ciel, mais encore éviter les peines de l'enfer.

Condamnée en elle même, la morale séparée de Jésus Christ n'est acceptable ni pour la conscience de l'auteur ni pour celle du disciple. « Vivant, dit Mgr Pie, au sein d'une nation dont le droit public accorde une protection égale à la religion et aux hérésies, quel danger n'y a t il pas que, par un raisonnement plus ou moins fautif, les chrétiens peu instruits dans la foi (et surtout les enfants) ne soient entraînés peu à peu à regarder comme indifférent devant la loi et devant l'opinion de Dieu ce qui est indifférent devant la loi et l'opinion humaine... A nous donc de revendiquer et d'exercer sans relâche le droit inaliénable que nous tenons de Jésus-Christ, le droit d'enseigner SPIRITUELLEMENT les peuples. » (Œuvres, III, 198, 199.) Et le grand évêque rappelle à ce sujet de terribles anathèmes consignés au Nouveau-Testament : « Quiconque se retire et ne demeure pas dans la doctrine du Christ, celui-là est un séducteur et un antéchrist et Dieu n'est pas en lui. — Si quelqu'un vient à vous et ne vous apporte pas la doctrine révélée de Jésus-Christ, ne le recevez pas chez vous et ne le saluez pas ; car le saluer c'est participer à ses œuvres mauvaises. » (II, Joan., 7, 10, 11.)

On le voit, l'Apôtre marque en même temps le devoir de l'auteur et celui du disciple. L'auteur chrétien ne peut pas « se retirer, » ne peut pas « se tenir en dehors de la doctrine de Jésus Christ » ; et l'enfant baptisé a non seulement le droit mais le devoir de rechercher un enseignement moral purement et absolument chrétien. La vie surnaturelle qu'il a acquise au baptême l'oblige comme sa vie naturelle. Il est tenu de se conserver l'une et l'autre, et conséquemment de réclamer la nourriture qui leur est propre et qui lui est nécessaire (1).

Seigneur, ne vous laissez pas ravir votre héritage ! Il est temps que vous ayez pitié de Sion ; vos serviteurs en aiment les ruines mêmes et les pierres démolies ; et leur terre natale, toute désolée qu'elle est, a encore toute leur tendresse et toute leur compassion ! (Ps. 101.) O Jésus, ayez pitié de nous et sauvez la France !

FIN

___

(1) *Semaine de Cambrai*, 11 mars 1883.

ALBI. — IMPRIMERIE A ESCANDE, RUE DE LA CROIX-VERTE, 78.

www.ingramcontent.com/pod-product-compliance
Lightning Source LLC
LaVergne TN
LVHW022117080426
835511LV00007B/865